祈り

奥村一郎著

女子パウロ会

――父母にささぐ――

はじめに

すでに十三年まえになるが、祈りに関する奥村師の一論文を読み、祈りを忘れた現代人が歌を忘れたカナリヤのようなものであるという師のことばに強く心を打たれたことがある。そのとき以来、師が自分の祈りの体験に基づいて、祈りという人間にとって最も重要なものについて詳述した書物を公にすれば、どれほど有益であろうかという考えが脳裏を離れなかった。そのわたしの希望は今幸いにも現実になった。

今日こそ、祈りのことを深く研究し、わかりやすく教える書物が何よりも必要であると思う。数年まえ、インド人の一司祭の説教を聞いたことがある。かれは声を大にして、現代の西洋のキリスト者は、生活即祈りということを口実に、祈りそのものに時間を当てる必要はもはやないと思っているが、それは致命的誤謬であると説き、キリスト教と出会う以前から祈りの絶対的必要性を経験から知っている西洋人が、今こそ西洋の兄弟たちに対して、各人間にとり、各キリスト者にとり、祈りがどれほど重要なものであるかということをあかしするときが来たのであると叫んだ。奥村師の本書は、このインド人司祭の願望を大幅に満たすものであると思われる。本書が日本人によって読まれるだけでなく、いつか外国語に翻訳されて、西洋のキリスト者によっても広く読まれることを、わたしは心から願っている。

仏教、特に禅について深い研究と経験を積んだのちに洗礼を受けてカトリック教会の一員となり、そのうえ祈りの点で秀でた伝統をもつカルメル会で長年観想生活を送ってきた奥村師こそは、こうした書物をあらわすのに最も適した人の一人である。本書は、師のことばで「生活即祈りの理想がそれ自体美しいものではあっても、それだけでは祈りの喪失になる」ということの深い理由を明らかにし、しかも祈りに対する現代人の困惑を乗り越える道をもよく示している。水、水分、ダム、竹の節など種々の的確な比喩《ひゆ》を用いて、著者は読者を深い祈りに至る道のなかに懇切に導き入れてくれる。たしかに祈りの表だけでなく、祈りの裏にあるもの、祈りの底にあるものに触れなければ、すなわち神のうちに心を静めるに至らなければ、キリスト者の祈りはその本来あるべき姿をとることはできないであろう。「神の前における自我の断、一徹の決定」は、たしかに真の祈りである。

しかもこの祈りは、愛と不可分の関係にある。著者はアヴィラの聖テレジアに従って、「祈りの本質は多く愛することにある」と言い、祈りは愛に生かされた魂の呼吸であると説明している。そして、神の単純さのうちに透明になることこそ、祈る人間の真の姿であると結論している。

本書は、祈りがまったく単純であると同時に、けっしてありきたりの業ではなく、聖霊の息吹によって生かされた人間の最も崇高かつ深遠な行為であり、生涯にわたって追求すべき貴重な宝であることをよく示している。本書を読む人は、自分の祈りが、まだいかに祈りからかけ離れたものであるかを知らされ、真の祈りへのあこがれを自然に心に宿し、しかも深い祈りが少数の宗教家や専門家のみのものではなく、すべての人間にとって、呼吸と同様に必要で自然なものであることを学ぶであろう。このような確信をもつ人々が日々に数を増していくことは、教会の未来にとってだけでなく、人類全体の未来にとっても、何よりも重要なことではなかろうか。

一九七四年九月三日

P・ネメシェギ

もくじ

P・ネメシェギ

1　祈り以前の祈り

「祈りとは、神を礼拝し、神のご恩に感謝し、罪のゆるしと恵みとを願うために、心を神にあげて語り合うことである」と言われている（カトリック要理41課145項）。この定義は正しい。しかし、この定義が文字どおり確認されなければ祈りがないとするならば、いったいどれだけの人が祈っていると言えるであろうか。しかも「祈りは救いのために必要である」（同項147）というのならば、どれだけの人間が救われることになるのであろうか。

祈ることを知らない、またそれを欲しないという人々のなかにも、たぐいまれな美しい心の持ち主のあることも否定できない事実であるとするならば、わたしたちは、救いのための祈りの必要性とは何を意味するのか、さらにはまた、祈りの底にあるものはなんであるかを問いただしてみなくてはならない。

神から遠ざかる無神論者と言われる人々といえども、ただ単純に神を捨てきった人と言うことはできない。よし人間が、完全に神を捨てきっていると思うときにも、神はけっしてその人間を見捨てられはしないからである。神が人間を見捨てるならば、人間はただちに流星のようにその姿を消してしまうであろう。

神を否定しきることができるもの、それは「もう一人の神」、あるいは神以上のものでなくてはならない。しかし、このような二つの神の存在とは、神を無限とするとき、神の存在の自己矛盾以外の何ものでもない。したがって、神ならぬものが神を否定するとき、そこには否定の勝利があるのではなくて、否定しようとしても否定しきれない絶望の苦悶《くもん》が生ずる。この否定しきれないものに対する永遠の挑戦《ちょうせん》、この敗北の血に濡《ぬ》れる魂の懊悩《おうのう》が、かえってそのまま、否定しきれない神の存在の逆説的証明になるとさえ言えよう。

サルトルはその著『嘔吐《おうと》』のなかで次のように記している。

「われわれは、わずらわしい存在の堆積《たいせき》、われわれ自身でさえ手に負えないものだ。いったいわれわれの存在理由がどこにあるのだ。だれもかれも、おのおのばくぜんとした不安、懊悩のなかに生きている。というのは、自分は他に対して、〝不必要なもの〟ただそうとしか思われないのだ。余分なもの……これらの木々、これらの柵《さく》、これらの石ころ、その間になんの関係があるのだ。あれば、ただその〝余分〟ということだ。……それにこのおれもまた……余分なもの。これら余分な存在のせめて一つでもなくすために、自分を抹殺《まっさつ》してみたらと、夢のように思ってみた。だが、おれの死ということさえ余分なことだ。おれのしかばね、石ころにまみれたおれの血、それさえ余分なものだ。……それに、引き裂かれた肉の塊。それも大地に用のないもの。……おれの骨、それも同じく余分なもの、おれは結局永遠に余分なものだ」(『嘔吐』人文書院　サルトル全集第6巻148〜149ページ)。

これは徹底的に神を否定しようとする実存主義者のつきつめた絶望の苦悶である。神を突き放して、存在の虚無のなかに自由の世界を夢見るものの幻滅である。だが、なぜ神を捨てようとするときには、〝ばくぜんとした不安、懊悩〟がわたしたちの心につきまとうのであろうか。深く、敬けんな哲学者パスカルの外套《がいとう》の裏に縫いこまれていたと言われる「歓喜、歓喜、歓喜の涙」ということばをもじって、「歓喜、歓喜、歓喜の涙。神は存在せず。アレルヤ」と叫んだサルトルの歓喜は、なんという残酷な虚無感にむしばまれていることであろうか。

サルトル、それはほんとうに神を捨てた人、否定しきれた人であったろうか。

それとも、しばしば人間が作りだす、こっけいな神の戯画を引き裂く憤りにふるえる手を虚空に広げて、名も知らぬ真実の神を呼ぶ苦悶の人であったのではなかろうか。わたしは、これに判断を下そうとは思わない。おそらくサルトル自身も、こう叫びながら、その心の奥深く執拗《しつよう》につきまとうばくぜんとした不安の意識をどうしようもないままにいたにちがいないであろう。

サルトルの上記の『嘔吐』の一節を読んだとき、わたしは、そこに、トマスの神の存在の証明の第三にあげられている「偶有的存在から必然的存在へ」という論証が、そのまま裏返しになって最もなまなましい哲学的心理描写に移しかえられているようにしか思えなかった。神を否定する叫びのなかに、最も雄弁な神の証明、すなわち神を呼ぶ苦悶があることを、サルトルの心のなかに読みとることは、はたしてまちがっているであろうか。今ここで、わたしは「サルトルの神」について論じようとは思わない。ただ神から離れようとする遠心的意識に対して、そのまま裏表になっている神への求心性が、見えない力の見える苦悩となって現れるということを指摘すれば足りる。

祈りとは、神を求める心であるならば、神を見失ったものの苦悶とは、それぞのままに真実の祈りの心をたずねる苦悩とも言えよう。否、その苦悶それ自体が「裏返された祈り」、「反逆者の祈り」とでも言えるのではなかろうか。

悪に強いものは、善にも強いと言われる。神への挑戦者は、ときにパウロのように、神の愛の「選みの器」となることがある。しかし、大部分の人は、幸か不幸か、神に逆らうのでもなければ、神の愛に狂うのでもない。おのが人生の軌道を忠実に見守っていこうとする、教養も徳もある多くの人々があり、そのなかには、まことに賞賛に値する世の聖賢と呼ばれるものさえもある。「……三十にして立ち、四十にして惑わず……七十にしておのが心の欲するところに従って、その矩《のり》を踰《こ》えない」人のことである（『論語』為政《いせい》第二）。

その人々は神を否定するのでもなく、祈る人々をけいべつするのでもない。さりとて自ら祭壇の前にひざまずくには、ごうまんであるというよりも、何か空虚なものしか感じないのである。神が神殿のなかや、祭壇の上にだけあるなどということは、子どもじみた芝居のように見える。神というものがあるならば、それはむしろ、カントのようにわたしの心のなかの道徳律であるというのが、その人たちの美しい信条である。澄みきった理性と、洗練された良識をもった自己に対する信頼が、ストア的な落ち着きさえも与えているその人々は、まことに、皮肉なしに尊敬に値する人々である。

だが、そのような自己に対する確実性を信じている人々の額に、ときに説明のしようのない薄暗い影を感じとるのは、はたしてわたしの錯覚であろうか。「どのように生きなくてはならないか」ということをじゅうぶんに学んだその人々にとっても、「人生とは何であるか？」「わたしとは何であるか？」という自己に対する最も根底的な問いが未解決のまま残されているのである。その人々は、その問題に無知なのではない。否、その問いかけの危険性さえもよく知っているのである。底のないどろ沼のなかに足をすべらすまいという賢明さが、なにか不徹底な自己との妥協を余儀なくさせているということ、これがその人たちの額にかげる寂しさなのである。しばしばかれらは、人生の底深い哀《かな》しさをうたう詩人である。人知れぬ、また人に知られたくない、だがさりとて自分ではどうにもならない底知れぬ弱さを、かれらはうちに隠している。それは、ふとした思いがけないときに堪えがたい心のうずきとなって現れることがある。はだ寒い雨の日、ひとり家路を急ぐときに、あるいは、どんよりした灰色の空を電車の窓に見ているあいだに……外目にはなにも感じられない平凡な時の流れが、突如心の奥底の黒い暗礁に砕かれる。そんなとき自己に対する今までの、落ち着いた支配者のような自信が足元から崩れるように思える。だが、そのときすらも、かれらは「神よ」ということばを口にしようとは思わない。なぜなら、かれらはその聖なる寂しさが、人間のことばによって汚されることを恐れるからである。このかれらの心の傷からにじみ出る人知れぬ嘆き、わたしはそこに、人間の最も美しい永遠者へのあこがれを見たい。

生きてなくものの美しさよ
この世に亘《わた》って
深い寂しさに入って
なきつくすものの美しさ
人々の胸から胸につたわり
草木のゆめを深くする
いじらしい生きもの

わたしはこれらをいま祝福する
そのみじかき生命をたたえる
ひと雨ごとに衰えてゆくいみじさ
（「祝福されるもの」室生犀星）

ことばによる祈りではなく、胸から胸に伝わる祈りを求めている人々、それがかれらなのである。自らの生きる道を固く見つめてゆく人々にも、神を呼ぶ心と、神に親しみえぬ寂しさとが不思議な綾《あや》を織りなしているのを、わたしたちは見るのである。

ここにあるのは、「祈り以前の祈り」とでも言うべきもの、人間の実存の根底に烙印《らくいん》された永遠者の映像《シルエット》が、「日々に滅びゆく外なる人のうちに、日々新たになる内なる人」（コリント後4・16）の眠れるまぶたの裏に、ひそやかな目覚めを待っている。

では、いったい何が、かれらにその魂の目覚めを与える衝撃となるのであろうか。人生における予期せぬ幸福であろうか。それとも不幸であろうか。あるいは聖者のくちびるに燃える神のことばであろうか。それとも常人の達しえぬ偉大なる行者の凄烈《せいれつ》な修行であろうか。

答えは明らかである。そのいずれでもない。人間の魂は神を待つ。神以外には何ものも、人間に神の目覚めを与えることはできない。しかも、その神とは、そのいと高きところにましまして、人間を支配する主としての神ではない。もし、そうであるならば、キリストの受肉は無用となる。永遠、無限の神が、かげろうのような一人の人間の愛のために、その存在のすべてを賭《か》けたという、まったく理解を絶した事実こそが、今日もまた、ひとりひとりの人間の魂のとびらをたたきつづけている。そのとびらをたたく音に気づき、それに耳を傾けることこそ、祈り以前の祈りが、やがて薄暗い精神の母胎を出て、身をふるわせて空にうたう祈りとなる魂の目覚めなのである。

「見よ、わたしは戸の外に立ってたたいている。だれでも、わたしの声を聞いて戸をあけるなら、わたしはそのなかに入って、かれと食をともにし、かれもまたわたしと食をともにするであろう」（黙示録3・20）。

2　祈り　―神の逆説《パラドックス》―

神自身について、あるいは神にかかわるいっさいのことについて語ろうとするときには、常に逆説《パラドックス》によるほかはない。逆説とは、矛盾するとしか思われない二つのものが、弁証法的総合となって現れることである。相対立する概念であり、事実でありながら、その両者が不可分の関係に立つことを意味している。言わば、紙の「裏と表」のようなものである。表だけで裏のない紙はない。

さらに、他のたとえをかりれば、「山の頂」のようなものである。広がるふもとの山すそが互いに遠く離れれば離れるほど、「山の頂」は富士山のように高くなる。このように、二つのことがらの相反性が大きければ大きいほど、逆説はその高さと深さとを増す。

しかも、高い富士山の頂は、しばしば雲に包まれて見ることができないのにも似て、「逆説の頂点」を、わたしたちの知性でとらえることはできない。富士山の頂が見えなくとも、それが「ある」ということだけがわかっているように、「見えざる事実の確実性」だけが、いわゆる逆説の核心をなしている。「動と不動」、「永遠と時間」、「恩ちょうと自由」、「偶然と必然」、「神の全善と悪の不幸の現実」に見られるような「光と闇《やみ》」、まったく相排除すると思われる二つの事実の同時存在の不思議が、神、および神と世界との生きたかかわりの秘義のうちに見いだされる。

信仰は「暗黒のなかの光」であるにはちがいない。しかしそれはまた、「光のなかの暗黒」でもある。十字架のヨハネは、それを説明するのにアリストテレスのことばをかりて、「真昼の光のまばゆさのために、見えなくなるコウモリ」のたとえをあげる（ドンボスコ社　奥村一郎訳『カルメル山登攀《とうはん》』第2部第8章126ページ）。

さらにつきつめた言い方をすれば、信仰においては、暗黒そのものが光となる。偽ディオジニオの言う「神の暗黒の光箭《こうせん》」、十字架のヨハネは、出エジプト記の「夜を照らした黒雲」（出エジプト記14・20）、詩編の「夜は夜に知識を伝える」（詩編19・3）を引用して、それを説明する（ドンボスコ社　奥村一郎訳『カルメル山登攀』第2部第3章95ページ）。白隠の「大円鏡光黒きこと漆《うるし》のごとし」というのも、禅的な立場からするとこのへんの消息につながるものと言えよう。

夜空の暗黒に輝く星は、昼の光のなかではその姿を消すように、神は地上の明るさ、主知主義の思考のなかでは見失われる。現代文明が神感覚の喪失をもたらしたとすれば、この世を照らす文明と合理主義の明るさのゆえかもしれない。

たしかに犬やねこは好きなものをあさり、野のゆりは祈り願うこともないのに、ソロモンの栄華よりも神は美しくそれを飾られる。しかるに人間は一日のパンさえも乞わなくてはならないというのは、いったい何を意味しているのであろうか。人間は、乞う必要もないものを、乞わなくてはならないように思いこみ、人にもそう思いこませようとしているのではないだろうか。宗教家とはなんでもないものをむやみにありがたがらせ、もったいぶらせて、単純に受け取っておけばすむものを、不必要に複雑にしている種類の人間ではなかろうか。

またよし、神があるとしても、その神が全知全能の慈悲深い父であるのならば、わたしたちに必要なものはすべて、まちがいなく恵みたもう神でなくてはならないはずである。なにもわたしたちが自分について思い煩う必要はなく祈り願うなどということさえ不必要になってしまうのではなかろうか。「何を食い、何を飲み、何を着んかと思い煩うことなかれ。それらはみな、異邦人の求むるところである。あなたがたの天の父は、あなたがたにみなそれらが必要なることを知りたもう」(マタイ6・31、32)のであるならば、なんのための祈りであろうか。祈りとは何を食い何を着んかと、あすを思い煩うむだな心の疲労ではなかろうか。

また、神の意志は不変であり、救いは永遠より予知され、また予定されているというのならば、いったい祈ることはなんの役にたつのか。「あなたたちの父は、あなたたちが必要なものを願わぬさきから知っておられ」(マタイ6・8)、「聖書の実現のために、滅ぶべきものだけが滅びる」(ヨハネ17・12)のであるならば、なんのための、人生における苦労多き精進があり、なぜ痛ましいまでの努力が必要なのであろうか。

それともわたしたちの祈りは、神の意志を変えうるとでもいうのだろうか。ニネベの人々の断食と回心が、災いを下そうとした神を「思い直させた」というのなら、神の意志は不変でも、不動でもなく、人間の心しだいで左右されるものなのだろうか(ヨナ3・4〜10。出エジプト記32・9〜14。エレミヤ18・6〜9、26・1〜3。アモス7・3〜6)。

「からし種一粒ほどの信仰があれば、この山に〝移れ〟と言えば移り」(マタイ

17・20)、「〝海に入れ〟と言えば、そのとおりになる」(マタイ21・21)、また「祈って願うことは、すでにかなえられたと信じなさい。そうすれば、そのとおりになる」(マルコ11・24)と明言するイエス。しかし他方では、どんなに心を砕こうと「自分のいのちのわずかささえ延ばすことはできず」(マタイ6・27)、「あなたたちの頭の髪の毛まで数えられ」(マタイ10・30)、「一羽のスズメさえ、神のゆるしなしには地に落ちない」(マタイ10・29)ともキリストは言う。

人間を無限に超越し、この宇宙のすみずみまで支配する永遠不動の神が、他方では、人間のささやかな願い、痛悔の涙にも心動かされずにはいられないというのは、いったい、どのように解すべきなのだろうか。

このような祈りにおける神とのかかわりを、哲学的、神学的に説明しようとすれば、容易なことではない。

せめて、一つのイメージが、わたしたちの知的好奇心を慰めてくれるかもしれない。

ともづなで陸《おか》につながれた小舟を想像してみるがよい。その舟に乗ってロープをたぐるときには、あたかも、陸地を自分の方に引き寄せているかのように思える。しかし事実は、陸地が動くのではなく、わたしが舟とともに陸地に引き寄せられているのである。

このように、祈りが神の意志を変えるのではなく、祈りによって、わたしたちが神の意志を果たすべく、神に引き寄せられていく。

祈りの本質は、神に対するわたしたちの願いがきいれられるかどうかということよりも、わたしたちに対する神の思いの実現を願い、それに信頼することにある。「あなたがお望みにさえなれば、わたしは清くなれます」（マルコ1・40）。わたしの祈りに、わたしを治す力があるのではなく、神の望みによって、わたしは清くなることができるのであり、その信頼に基づく神への切願が祈りとなる。わたしたちの願うべきことは、「何よりもまず神の国と、その義」（マタイ6・33）であり、「み国の来たらんことを、み旨《むね》の天に行わるるごとく、地にも行われんことを」（マタイ6・10、ルカ11・2）なのである。

事実、「われわれは、何を、どのように祈ってよいのかも知らない」（ロマ8・26）。神に対するわたしたちの願いと、わたしたちに対する神の思いとのあいだには、ときに底知れぬ暗黒の深淵《しんえん》がある。

死の床にあえぐ愛する子の傍らにあって、最後の奇跡をもとめ祈る母の願いと、その子を死の手にゆだねる運命の残酷さとのあいだには、なんぴとも解しえない「神の沈黙」の堪えがたい重圧がある。

「父よ、できることなら、この杯をわたしから遠ざけてください。しかし、わたしの思いのままにではなく、あなたのみ旨のままに」（マタイ26・39）。しかたたる汗が血の滴にまでなった（ルカ22・44）このキリストの願いは、いったいどのような現実として現れたであろうか。「すべては全うされた」（ヨハネ19・30）、「父よ、わが魂をみ手にゆだねます」（ルカ23・46）という十字架上の全き委託の平安は、突如「わたしの神、わたしの神、どうしてわたしを見捨てられたのか」（マタイ27・46、マルコ15・34）という死の絶叫によって引き裂かれる。

神であるキリストが、どうして神に見捨てられたというのであろうか。理解を絶するこの十字架の苦悶と、来るべき復活の栄光という、神人キリストの最大の逆説のなかに、祈りと、信仰と、愛の逆説もまた、その頂点を極める。

愛とは、自らに死ぬことによって神に生きることであり、信仰とは、知性の暗黒をとおして神を見ることであり、祈りとは、魂の砂漠に隠された神のオアシスだからである。

祈りが神を動かすほどの力をもつとするならば、わたしたちの信心の熱意が、永遠不動の神の意志を変えるというのではない。まえにも述べたように、祈りによって変えられるのは神ではなくて、わたしたち自身なのである。ことに、いわゆる「かなえられない祈り」こそ、自らに死して、絶後によみがえる十字架の秘義を包むキリストの祈りに通ずるものである。そこでは、苦しみを逃れたいという焦りよりも、苦しみのうちに神の手を見いだす信仰と、それに耐えぬく力とを願う。「与えられるのも神なら、奪われるのも神である」（ヨブ1・21）ことを知っているからである。

くるしい　ことに　はいりきったら
くるしさはなく
ただ　生きるということばかり
（八木重吉）

生きるだけになりきるとき、生きるわたしはすでになく、神だけがすでに死せるわたしのうちに生きる。「生きているのは、もはやわたしではない。キリストがわたしのうちに生きておられる」（ガラテヤ２・20）のである。

そこには、運命の波にあやつられる人間の弱さにつけこみ、信心の美名のもとに、ひそかに神ならぬ神々の意志を探ろうとするような、商魂たくましい職業宗教家のつぎつぎと案出するご祈祷《きとう》、お祓《はら》い、おみくじ、占いなどの入りこむ余地はありえない。

真の祈りとは、神がかりでもなければ、ご利益信心でもない。また「大事のときに祈るを潔《いさぎよ》しとせず」という、勇者武蔵《むさし》の自信にとって代わられるようなものでもない。それは、全人的な神への信頼に生きる人間の赤貧の魂に流れる神の命の脈動なのである。

しかも、その力強い、しかし、ひそかなる神の脈動を伝える静寂に響く魂の鼓動は、やがて、ときとところとを超えて、真実を求める人々を永遠の相下《そうか》に糾合《きゅうごう》する。

面壁《めんぺき》九年のダルマの沈黙は、綿々千五百年の禅的霊性の源泉となって、幾千万の人々の心をうるおし、四十日四十夜にわたる、キリストの荒野における孤独と試練とは、「神のようになろうとした人間」（創世記3・5）の高慢を打ち砕くべく、人となった神の謙虚さに従うすべてのものの帰すべきところ、また、よって立つべき霊性の原点を示している（マタイ4・1～11参照）。

キリストの孤独、ダルマの沈黙、まことに、祈りの極みにはことばはなくなる。否、ことばがなくなるというよりも、沈黙がことば以上のことばになる。そこにおいて、祈りは、愛の沈黙《しじま》における至深《しじん》の自己表現となるからである。

もし、祈りにことばがあるとするならば、それは、この愛の沈黙をはぐくむもの、また、この沈黙に帰っていくものでなくてはならない。

3　魂の呼吸

「祈りとは魂の呼吸である」と言ったのは、たしかアウグスチヌスだったと思う。これには二つの意味が考えられる。

一つは、「祈りは人間にとってきわめて自然のもの」ということである。あたかも呼吸のように。次は、「人間にとって祈りは欠くことのできないもの」ということ。息をしなくなったら、人間は死んでしまうように。つまり、祈りは人間にとって「自然にして不可欠」のものということである。

ここではまず、第一の「自然のもの」ということに中心をおいて考えてみよう。「祈ることを知らないのは、手足があってもそれを使うことを知らない人のようです」（『霊魂の城』第1の住居第1～6章）とアヴィラのテレジアが言うときには、祈りが人間にとって、どれほど自然のものであるかを示している。そこから見れば、祈ることができない、祈りがむつかしいと言うのはおかしなことになろう。実際に健康な人なら、呼吸するのがむつかしいとか、できないとか、また、めんどうだなどということは考えも及ばないことである。もし呼吸ができない、むつかしい、しんどいと言うなら、その人は病気だからである。祈りもそれと同じことで、できない、むつかしい、しんどいと言うのなら、心が病んでいるからということになる。健康をとりもどした体にとって、呼吸はきわめて自然なことであるように、健康な心にとって祈りはきわめて自然なことでなくてはならない。

しかし、心の健康とはなんであろうか。答えは簡単明瞭《めいりょう》、「愛」の一語につきる。「愛」の定義はいろいろあるが、トマス・アクィナスは「他人の幸福を願うこと」という明瞭な定義を与えている。それにアミエルのことばをかりれば、最も確かな幸福は、他人を幸福にすることである（『アミエルの日記』アンリ＝フレデリック・アミエル著）。心の健康、人間にとって最も確かな幸福とは、このように「他人の幸福を願う無私の愛」なのである。他人の幸福が自分の幸福となり、他人の不幸が自分自身の不幸と感じられる「知音《ちいん》同志」の心には、利己も利他もない。他のために自分を失うというのでもなければ、自分のために他を犠牲にするというのでもない。友のために命を捨てることしか知らないのが愛の極みなのである（ヨハネ15・13、13・1）。言うまでもないことだが、愛は愛することしか知らない。

そして自分を与えることだけしか考えないのが愛である。つまり自分を与えることによってしか、自分を救えないのが愛なのである。「自分の命を保とうとするものは、それを失い、自分の命を捨てるものは、それを得る」のが愛であり、この自他を救い、自他を幸福にする愛の願い、それが祈りの心である。愛する心からは、自然に祈りがわき出る。通常のあいさつにさえ、「ご健康をお祈りしています」、「ご成功を祈ります」、「ご旅行の安全を心からお祈りしています」などと言い、大きな天災、事故、海や山の遭難のときに、死者の冥福《めいふく》をともに祈って黙祷をささげている国会議員の姿などを新聞で見ることがある。こんなときには、無神論者の共産党員も、神仏に縁のない生活をしている人々も、他者の幸福をそれなりに願っているにちがいない。他人の幸福を願う愛、この愛こそは心の健康であり、人間の命の命であり、祈りは、その愛の呼吸と言えよう。

上手に語呂《ごろ》合わせしたラテン語のことわざに、Anima potius est ubi amat quam ubi animat というのがある。「まことの命は、生きることよりも、愛することにある」という意味である。

人間にとって「生きるとは愛すること」である。愛さないことは死ぬこと、「死ぬ」とは、日本語で「なくなる」と言う。「存在しなくなる」ことである。とすれば、人間は愛することによってだけ「存在する」ということにもなろう。愛さなければ死んだも同然、しかも生きたままで死んだのと同じ状態になるだけに、死よりも矛盾にみちた苦しみをもつ生けるしかばねとでも言うのだろうか。アウグスチヌスが地獄の状態を「自己矛盾」と言ったのも、このことを的確に言い表している。分裂患者のなかには、収容室のガラスを割って、そのガラスのかけらで自分に切りつけ血だらけになるものがあるという。「夜、昼、絶えまなく墓場や山で叫びつづけて、石で自分の体を傷つけていた」（マルコ5・5）。人を憎むとき、けいべつするとき、わたしたちはこのような悲惨な自己矛盾の痛みを感じるのではなかろうか。地獄はただ死後のことではなく、むしろ「生きながらの地獄」こそが、その真の形相《ぎょうそう》を現す。

　祈りは愛の呼吸であり、地獄は苦しみに凍結したところと言うならば、祈りが人間にとって不可欠のものということもわかってくる。祈らなければ愛せない。愛さなければ祈れない。祈りと愛とは切っても切れない関係がある。命がなければ呼吸が止まり、呼吸が止まれば命がなくなるように。愛のない祈りは、形だけの祈り、死んだ祈りであり、祈りから生みだされない愛は、かげろうのように移ろいやすい。ことば数が多く（マタイ6・7）長い祈りをすることに、ほんとうの祈りがあるわけではない。自分の祈りがほんものであるかどうかを知りたいならば、隣人に対する愛が簡単に移り変わったり、なくなったりしないかどうかを見ることである。

真の祈りとは、このように「愛に活《い》かされた魂の呼吸」であると言わなくてはならない。いくぶん飛躍になるかもしれないが、愛を神の次元で考えれば、祈りとは、愛の霊である聖霊の息吹である。至福の祈りとは聖三位の祈りにほかならない。三位の神の命の営みこそが、祈りのなかの祈りであり、まことの祈りの源にある。要約すれば、まことの祈りとは「魂の呼吸」、「愛の呼吸」、「聖霊の息吹」、「聖三位の命の営み」と言えよう。

4　祈りの原点

まことの祈りは魂の呼吸、愛の呼吸であり、その祈りの源は「愛の霊である聖霊の息吹」、「聖三位の命の営み」であると、わたしたちは言った。祈りの源、または根源、今はやりのことばで言えば「祈りの原点」にあるものは、神自身にほかならないということ、これについて考えてみたい。祈りが魂の呼吸、愛の鼓動であるというならば、愛が祈りの源にあると言えよう。

しかも、まことの愛とは、他人の幸福を願う無私の愛のことであって、愛欲とか、愛着、愛執という我欲我執によってゆがめられたものではない。「寛容で、情け厚く、ねたまず、誇らず、たかぶらず、非礼をせず、自分の利を求めず、人からの不義を気にせず、不正を喜ばず、真理を喜び、すべてをゆるし、すべてを信じ、すべてを希望し、すべてを耐え忍ぶ。まことの愛は永遠のものである」（コリント前13・4～8）。このような、まことの、永遠の愛は人間からのものではなく、

「神よりのもの」（一ヨハネ4・7）とヨハネは言う。

新約聖書で「愛」は「アガペー」という特別なことばによって表され、その後エロースということばと対比的に用いられるようになったが、聖パウロは、この「アガペー」という名詞を、神に対する人間の愛を示すためには用いていない。神を「愛する」という動詞形が二回でてくるだけである（ロマ8・28、コリント前8・3）。すなわち、アガペーと言われるキリスト教的愛は、何よりもまずキリストにおいて現れた、人間に対する神の愛を表している。そして、その神の愛が隣人愛となっていくのがアガペーである。また、さらに注目してよいことは、アガペーという名詞は、共観福音書において、きわめてまれにしか用いられていないことである。マルコ福音書には一つもない。マタイ（24・12）、ルカ（11・42）、それぞれ一度。また動詞形の「愛する」ということばも福音書に多くはない（マタイ8回、マルコ5回、ルカ13回）。というのは、人間に対する神の愛は、「行為」をとおして、福音のすみずみにまでしみとおっているからである。まことの愛は、神を愛する人間の愛、あるいは、おのれ自身のように隣人を愛する愛（マタイ22・39、マルコ12・31、ルカ10・27）以前に、「神が、まず先に、わたしたちを愛し、御子を罪のあがないのために与えてくださったこと、ここに愛がある」（一ヨハネ4・10）。わたしたちが愛することができるのは、神が、先に愛してくださったからなのである（一ヨハネ4・19）。

神は愛であり（一ヨハネ4・8）、愛は神よりのものであるならば（同上）、愛の鼓動であり、息吹であり、呼吸である祈りは、やはり、まず「神よりのもの」ということである。わたしたちが祈れるとするならば、まず先に、神がわたしたちのために祈ってくださるからである。「神が祈る」というのは、「神が愛する」というよりも、つかみにくい表現かもしれないが、「愛は神よりのもの」ということから、当然引き出される結論と言えよう。神の内なる愛の外にあふれ出る命の鼓動、それがわたしたちの心を動かす神の祈りなのである。パウロのことばによれば、「わたしたちは、どういうふうに祈るべきかを知らないが、霊は筆舌につくしがたい嘆きをもって、わたしたちのために取り次いでくださる」（ロマ8・26）のである。ここで言われる「霊」は、言うまでもなく、愛の霊である神の霊、聖霊のことである。祈れないわたしたちのために、聖霊である神は、せつに祈っているということである。

「祈り」と言うと、通常「神に対して、わたしたちが願い求めること」のように思われる。「主の祈り」の後半だけ考えられている。「われらの日用の糧」を願うまえに、「み名の尊まれんことを、み国の来たらんことを」と祈らなくてはならないというのは、わたしたちに対する「神の願い」を表しているのではなかろうか。「み旨が天に行われるように、地にも行われんことを」というのは、地上に神の国を望まれる神の願いであり、「何よりもまず、神の国と、その義とを求める」（マタイ6・33）ことが、祈りの中核になくてはならないことを示している。

このように見れば、祈りとは、わたしたちの願いを神がききいれてくださるということに中心がおかれるのではなく、神の願いを願いとすることにある。つまり、神の祈りがわたしたちの祈りの魂とならなくてはならない。わたしたちの耳は遠く、目は鈍いため、しばしば神の声をききとれず、神を見失い、迷える羊になってしまうために、神の願いを知り、その望みを果たす力をも願わなくてはならない。神の願いに答える願い、それが祈りなのである。神の祈りによって生かされた祈り、それがまことの祈りなのである。これをたとえてみれば、泉のようなものと言えよう。神の祈り、神の願いは天から降り注ぐ雨、人間はその雨にうるおされる大地のようなもの、大地にしみとおる水は地底で地下水となり、やがて泉となってふきあげてくる。この泉がわたしたちの祈りと言える。何よりもまず、天からの雨がなければ泉はありえない。また、天からの雨を受け止めて、それを吸い込む大地のような柔らかな心、そして地下水の流れる空洞《くうどう》のように自分をむなしくする心がないところには、やはり泉はできない。石のようなかたくなな心、自分の考えや主張のよろいを着た心には、いくら神の祈りが降り注いでも、まことの祈りの泉はわいてこない。自分の願いごとや望みにこだわるまえに、神の願いを願いとし、神の望みを望みとすることが、祈りの原点になくてはならない。

いのりの種子は天にまかれ、
さかしまにはえて地にいたりてしげり
しげりしげりてよき実をむすび
またたねとなりて天にかえりゆくなり
（「主のいのりはめぐる」八木重吉）

5　祈りの定義

祈りとは神との対話であると言われる。

これに関して、ちょっとした思い出がある。ある熱心なプロテスタントの女性のかたが、宇治の黙想の家に訪ねてこられたことがあった。話をしているうちにやがて夕の念祷のときが来た。

「これから夕食まで一時間の念祷に入ります。どうぞ、ごいっしょに聖堂においでください」

と誘うと、

「念祷ってなんですか」

と尋ねられた。説明している時間もなかったので、

「一口で言えば、〝沈黙の祈り〟ということです。一人で祈ればいいのです」

と言うと、

「一時間もお祈りするのですか。長すぎます。わたしは十分か十五分ぐらいなら

神さまとお話しすることがありますけれど、それ以上は何も言うことがなくなってしまいますが……」

と言われた。

「ああ、そうですか……」

ちょっと間をおいて、思いつくままわたしは次のように話をついだ。

「あなたのなさる祈りというのは、ちょうど〝ごめんください、ごめんください……〟と玄関の戸をたたいている人のようなものですね。やがて内の人が出てきて〝どうぞお入りください〟と招き入れてくれるとき、〝ハイ、さようなら〟と背を向けて帰っていってしまうようなものです」

「まあ、そんなこと……」

と、ちょっと憤慨された様子だったが、

「ともかく、お聖堂《みどう》に黙って座っておられたらいいのです」

はじめての人に不親切な言い方と思ったが、そのかたは言われるまま、素直に一時間じっとしておられた。その後、念祷が不思議に身についてきたと述懐されたのをきいて、荒療治もケガの功名だったかとうれしく思った。

そのとき、「祈りとは神との対話」と言うよりも、「神のみ前に黙すること」と言ったらよいのではないか、と考えさせられた。もちろん、人間のようには語りかけない神との対話は、通常の話しあいとは違う。内面の光とか、心の交わりが生みだす親しさ、それに伴う感謝、賛美、謙虚、痛悔、決意というような形をとると言われる。

祈りとは「心を神にあげること」と、ダマスコのヨハネが定義づけたのも、そのことを表している。

しかし、「神との対話」（アウグスチヌス）、「心をあげる」（ニッサのグレゴリオ）、「神との親しい友としての交わり」（アヴィラのテレジア）というような一連の祈りの定義は、言わば祈りのオモテ（表）をとらえたものと言えよう。このようなオモテの定義に対して、ウラ（裏）の定義があるとすれば、祈りとは「語る」ことではなく、「沈黙する」ことであり、「心を神にあげる」ということは「神のうちに心を沈める」ことと同じになる。さらにつきつめれば、心だけでなく、身も心も神のうちに浸ることと言ったほうがよい。

祈りの定義のオモテを見れば、神と話し、神に心をあげ、神と交わることになる。つまり「有為の祈り」、「する祈り」となる。今その定義を裏返してみれば、祈りとは神のみ前に黙すること、沈むこと、神のうちに眠りこけることになる。「無為の祈り」、「しない祈り」とでも言おうか。十字架のヨハネの言う「諸機能の睡眠」は高い祈りの状態を説明するものではあるが、祈りの根底には、はじめからそうしたものがあると言ってよい。

祈りは神について頭を疲れさせることではなく、神のうちに心を休めることである。と言っても、祈りのなかに生活の煩いが入りこまないということではない。人間の祈りである。この地上にあるかぎり、煩いなしの人生はありえない。祈りのときにこそ、煩いは増すばかりのこともある。祈りは雑念によってみたされ、祈りがどこにあるかさえもわからなくなってしまうこともある。そこにもなお、否、そこにこそ祈りがなければならないとすれば、祈りとは、首まで、頭の上にまで覆いかぶさる生活の煩いのさなかにありながら、なお神のうちに身も心も沈めることを知ることである。そのとき、もろもろの煩いは煩いではなくなって、「祈りの糧」にさえなる。祈れないのですと祈るとき、祈りは人の業ではなく神の営みとなる。愛せないのです、愛させてくださいという悲しみと願いのあるところに、人の愛ではなく、神よりの愛が働きはじめる。祈れない、愛せない。神との親しい交わりも見いだせない。心を神にあげるにも、神と語りあうにも、重い心のどうしようもないとき、オモテの定義はもはや役にたたない。その「オモテの祈り」、「する祈り」、「有為の祈り」の挫折《ざせつ》をとおして、はじめて「ウラの祈り」、「しない祈り」、「無為の祈り」の意味、祈りのなかの祈り、祈りの底にあるものを、知性の背面をもってとらえることができよう。

6　ほんとの話

もう十年近くまえになる。朝日新聞の夕刊に、小さなスナップ写真といっしょに、高田敏子さんの短い詩がかなり長いあいだ連載されていたことがあった。そのなかの一つに、「あいたベンチ」というのがあった。

街のひとすみ、木かげのベンチに腰かけた母と子の写真、その下に次のような詩があった。

母と子と
一日じゅう　しょっちゅう
話をしているようでも
ほんとの話なんて
あんがい　していないものです
だから　買物の帰り道

お洗濯《せんたく》のすんだあと
ほんの十分間でも
こうして　家の外にでて
話をしてみましょう
　そのために　やさしい木かげがあるのです
　そのために　あいたベンチがあるのです

この詩を読んで、まず考えさせられたのは「ほんとの話」ということ……高田さんは、いったい何が「ほんとの話」と言いたかったのだろうか。「ふだんの話」が、なぜ「ほんとの話」ではないのだろうか。内容的に言えば、「木かげのベンチでする話」と「ふだんの話」とが、そんなに違うものとは思われない。いや、かえって、「ふだんの話」のほうが日々の生活にかかわっているだけに、子どもにとっても、大人にとっても、より実質的でたいせつなものかもしれない。スナップ写真から見ても想像されるように、「あいたベンチでの母と子の話」は「別にこれという用のないのんびりとした話」なのではなかろうか。話さなくてはならない話ではなく。しかし、それがかえって「ほんとの話」なのだと高田さんは言う。つまり、「ほんとの話」というのは、話の内容によるのではなくて、話されるときの状況によるということである。

……

ほんの十分間でも
こうして　家の外にでて……

十分間でもいい。こうして家の外にでて、暇をつくることである。そのような状況で話されることが「ほんとの話」になる。そのときには話される「ことがら」がたいせつではなくて、「話すこと」という事実そのものによって生かされるような話、それが高田さんの言われる「ほんとの話」なのである。愛しあっている人たちの話は、話のことがらが問題ではなくて、話しあうこと自体が喜びなのである。そこでは、何かの用のための話ではなく、「話すための話」、むつかしいことばで言えば、「無目的の話」、「他者目的」ではなく「自己目的の話」ということである。やさしく言い直すと、それが「純粋な話」ということになろう。つまり「ほんとの話」である。このような「ほんとの話」のために、十分間でも暇をつくること。「ひま」というのは、大言海によると、「日間ノ義、日光ノ差入ルニ就キテ云フ」とある。「日ノ射シ入ル物ノスキマ」のことである。仕事がぎっしり埋まっている生活のあいだに、日の光が射《さ》しこむすきまをつくることで、「日の光」をここで「神の光」と言い換えれば、そのまま祈りにあてはめることができよう。祈りとは、「神の日間《ひま》」をつくることだからである。

祈りのあいだ、念祷のうちに、頭のなかに浮かんでくることは、ふだんと大差ないかもしれない。いや、もっとつまらない雑念でみたされることさえあろう。しかし、「ほんとの祈り」、「神とのほんとの話」は、よいものにせよ、悪いものにせよ、心のなかに浮き沈みする考えにあるのではない。「ほんとの話」というのは、このように話の内容にあるのではなくて、話す事実が喜びとなる、無目的、自己完結的な「純粋な話」であるならば、それは愛しあっている人たちのあいだに交わされる話しあいであり、「神とのほんとの話しあい」である祈りとは、「自分が神から愛されていることを知りつつ、その神とただ二人だけで、たびたび語りあう友情の親密な交わりにほかならない」（アヴィラのテレジア『自叙伝』第8章5）。

母と子のあいだに「ほんとの話」ができるのは、たとい十分間でも、家の外にでて二人だけになる「日間」のときであるように、ほんとの祈りができるためには、多忙な生活のなかに、多忙であればこそ「神の日間」をつくり、そこから神の日差しが流れこむようにしなくてはならない。そのとき、父なる神との「ほんとの話」がなされよう。これが通常「念祷」と言われるものである。

観想と黙想という神学的区別以前、またはそれ以後の、祈りの根底にあるべき、最も単純化された祈りのなかの祈りのあるべき姿を、そこに見いだすことができなくてはならない。

「茶道とは湯をわかして飲むまでのことなり」と千利休が言うならば、「祈りとは神のうちに身をおくまでのことなり」とでも言えよう。

7　祈りの糧

「生きる喜びや悲しみ、愛することも憎むことも、わたしにとっては祈りである」。こんなことを、ある学生が書いてきたことがある。「愛すること」が祈りであることにまちがいはない。しかし彼は、「憎むことも」と言う。憎しみや反感、けいべつや冷淡は祈りとはおよそ正反対なもの、それどころか、祈りを破壊するものであるはずなのに、彼は「憎しみも祈りである」と言う。

念祷とは、愛なる神との親密な交わりであり（アヴィラのテレジア『自叙伝』第8章5）、ほんとうによい念祷をしたか、どうかを知りたいならば、念祷のあと、隣人愛に燃えてでたかどうかをみなさい（『霊魂の城』第5の住居第3章9～12参照）と言い、また、どんなひどい侮辱であっても、それをゆるす心を持つことができないならば、そのような念祷は、信用できない（『完徳の道』第36章8、11）と言ったアヴィラのテレジアのことを考えると、さきの学生のことばは、全くうらはらのように思える。

しかし、ここで一つの区別をする必要がある。「祈り」と「祈りの糧」ということである。「命」と「命の糧」とは別のものであるように、「祈り」と「祈りの糧」とは同じものではない。体に命を与えるものはアニマ（霊魂）であるが、その「命の糧」となるものは、ふだんの食べ物である。そのように、祈りの命は愛、それも「神よりの愛」（一ヨハネ4・7）であるが、この祈りの命である愛が、わたしたちのうちに育てられていくためには「祈りの糧」が必要である。それは一口に言って、わたしたちの日常生活であり、その日々のできごとである。成功や失敗、幸不幸の喜怒哀楽によって織りなされる人生のうちに祈りは育てられ、また逆に、祈りは人間を育てていく。「生きる喜びや悲しみ、愛することも、憎むことも、わたしにとっては祈りである」ということは、この意味、すなわち「祈りである」というよりも「祈りの糧である」と解されなくてはならない。さらに正確に言えば、「祈りの糧である」というより、「祈りの糧となる」あるいはさらに、「祈りの糧とする」ということである。

まことに、生活のすべてのできごと、たとえ罪やあやまちでさえも、憤りや憎しみも、祈りとならぬものはない。生きるとは愛することであると知る人間であるならば、憎む心の奥底には、憎しみしかもちえぬ自分の惨めさに泣く涙が隠されているであろうし、ゆるせぬと思う憤りにも、「七たびを七十倍するまでゆるせ」（マタイ18・22）というキリストのことばが、心の痛みとなる。

また事実、自分を省みれば、日々心のなかにうずまくものは、聖なる愛の高尚な思いばかりでないことは、だれしもが知っている。「愛の親密な交わり」であるべき祈りのときすらも、憎しみや憤りに苦しむ自分をどうしようもないことがあろう。だが、それだからといって、そこに祈りがないのではなく、また、そのために祈りを捨ててはならない。よい人々のあいだにすらも、誤解や争いの絶えないのが人の生《よ》である。嘆かわしいことにはちがいがない。しかし、それが人間が生きるためにとらねばならぬ日常の心の糧なのである。

人間は空気や光だけで生きられるのではない。汗水を流して耕さねばならないいばらの土地から糧を得なくてはならない（創世記3・18、19）。そうしてとった命の糧も、さらにどろを洗い落とし、火で料理をしなくてはならない。しかも、その調えられた食物が残りなくすべて消化され、吸収されて「命の糧」になるのではない。その多くの部分は外に排泄《はいせつ》される。このように体の命を養う命の糧にも、そのままそっくり食べられ、消化吸収されてしまう、いわば「完全食糧」というものはありえない。とすれば、心の糧、祈りの糧となるものは、いっそうのことである。神は栗《くり》を与えるのに、いがに包まれたまま、わたしたちに差し出される。いがは刺すからといって捨ててしまえば、栗の実はたべられない。人からの反感とか非難は栗のいがのようなものである。しかし、それに耐え、へりくだって自らを省みるならば、そのなかの栗の実を得る。それが祈りの心であり、いがぐるみの栗は、「祈りの糧」になぞらえられる。

神はまたときに、まったく消化不可能な石のようなものを祈りの糧として与えられる。そのときには、真珠貝のことを考えるがよい。真珠貝は、その体内にたまたま消化不可能な砂粒が入ってくると、それを吐き出さずに長く体のなかにおさめ、絶えまなく体液を出してそれを包んでいくうちに、その砂粒を美しい真珠にすると言われる。自分の心のなかの反感や憎しみは、消化不可能な石のようなものである。しかし、それを心のなかにおさめて、祈りの心で包んでいくうちには、いつか愛の真珠となる。

憎しみを胸にいだいて
それが花になったら
祭壇にささげよう

八木重吉だったろうか、こんな詩をどこかで見た。祈りとは、このような愛の奇跡をなすものである。祈る人にとって、食べられない糧はない。むしろ食べがたいものこそ、まことの「祈りの糧」となる。

8　祈りながらまどろむ子ども

次のような、シャルル・ペギーの詩がある。

神は言う
　祈りながら　まどろむ子どもほど美しいものは　この世にない
わたしは　底深い海と　奥深い森を
そして人々の深い心をみてきた
わたしは　一生を通じて　わたしに身をささげた人々の心をみてきた
しかしわたしは　もう一度言う
　祈りながら　まどろむ子どもほど美しいものは　この世にない
みあるじは　一つの考えしかもたない
みあるじは　その子が幸福であることしか望まない
神は　その子の目に未来しか見ない

神は　その子のまぶたの底を探す
　神のみ前で　かくも美しく
　かくもなごやかなものはない
そこにあるものは　若い希望のすばらしい要約である

「希望の神学者」とよばれた詩人ペギーの、幼子の夢に託した「ことばなき祈り」の賛歌がそこにききとれる。

まえに、「する祈り」と「しない祈り」、あるいは、「有為の祈り」と「無為の祈り」というような区分けをしてきた（「5　祈りの定義」参照）。「しない祈り」、「無為の祈り」というのは、まことに奇異に思われるだろうが、「祈りながらまどろむ子ども」の祈りの姿とは、まさしくこの「しない祈り」の極致を示す。

五月や十月のマリアの月ともなれば、両親や、兄や姉とともどもに誘われ、ロザリオの祈りをしているうちに、小さい手にコンタツを握ったまま眠りこけるいじらしい子どもの姿は、長いキリスト教の伝統にはぐくまれたヨーロッパの家庭では、珍しくない風景であったにちがいない。いつのまにか祈りのことばもたえだえに、うつうつとまどろむ子どもの姿は、ペギーの目にはそれはそのまま祈りとも見えたのであろう。

事実、祈りとは、ことば数を多くすればよいというものではない（マタイ6・7）。祈りとは、「神との対話」というよりも、「神のみ前に黙すること」、あるいはさらに、「神のうちに黙すること」であるならば、祈りのうちに眠りこける子どもの無心の姿は、なにか祈りのいきついたものを表している。

「目覚めていても、眠っていても、主とともにあるわれわれ」（テサロニケ前5・10）であるならば、眠りもまた祈りになると言えるのではなかろうか。

古いことわざに、「京の昼寝」ということばがある。「京」とは言うまでもなく、いにしえの都、今の京都のことである。昼寝でさえ、京の都での昼寝はよそでの昼寝とは味わいが違うという意味である。同じ「居眠り」でも、神の胸に抱かれて祈りのうちに眠るのと、教室や電車のなかでの居眠りとは、中味が違うということになろう。

妙好人源左《みょうこうにんげんざ》に次のような逸話がある。

「源左は、家の御内仏の前で、よくぐんらりぐんらり居眠りしていた。行儀がわるいとどがめる人があると、源左、〝親さんの前だけな、なんともないだいなあ。裁判所じゃ、寝ちゃったって、よう寝とらんだけのう、ようこそ、ようこそ〟」（柳宗悦・衣笠一省編『妙好人因幡《いなば》の源左』23ページ）。

もちろん、源左から学ばなくてはならないのは居眠りではなくて、「親さんの前だけな、なんともないだいなあ」という、仏をいつも「親様」とよんでいた源左の心、その単純な信仰の深さである。居眠りだけなら、だれにでもむつかしいことではない。疲れ、無気力、あるいは祈りの不熱心からくる居眠りもある。ときには、念祷の時間になるとすぐ居眠る習慣をみごとに身につけた人もいる。源左の居眠りや、ペギーが感動した「祈りながらまどろむ子ども」の美しさとは、そのことではない。寝ていても、覚めていても主のものであり、主のうちにあることの喜びと安心感が、まま快い体の疲れにも誘われて、祈りながらまどろみ、仏壇の前で居眠るときの姿が美しいのである。

祈りには、このような「神のうちのまどろみ」がある。神へのまったき委託から生ずる心の安らぎが、その底にあるからである。また、この世のものに対して目を閉じ、自らに死することが信仰と愛であるならば、その愛の信頼に生かされた祈りには、神のうちにおける自己の忘却がある。これが祈りにおける眠りである。睡眠が、動かないことによって動く力を体に回復するように、祈りにおいては、この眠りから神への目覚め、み旨を果たす力がわきでる。神における眠りと、目覚め、この二つが不思議に一つのものとなるのが祈りである。

「坐禅《ざぜん》とは冬眠して、まっさらな世界を見ることだ」と言った傑僧沢木老師《けっそうさわきろうし》のことばも、このへんの消息につながるものかもしれない。

このように祈りには、あらしのなかにも眠るイエスがあり（マルコ4・38）他方ひとりの貧しいものに与えるべき一ぱいの水を忘れることがない心の目覚めがある（マタイ10・42）。

前者を「しない祈り」、「無為の祈り」と言えば（「5　祈りの定義」参照）、後者はそこから生ずる「なさずしてなさざることなき祈り」「無為にしてすべてをなす祈り」となる。こうして、キリスト者の祈りは、禅の「見る世界」とは異なり、「冬眠してまっさらな世界を、絶えず創りだしていく力」となる。

9　神にきく

祈りとは「神との話しあい」と言うより、「神のみ前に黙すること」と言ったほうがよい、とまえに書いた。

「言ったほうがよい」というのは、通常の定義がまちがっていると言うのではなく、祈りを深く理解するには、逆のとらえ方もしてみなければならないということである。オモテの定義とウラの定義と言ったのはそのためで、祈りのオモテの定義に慣らされたわたしたちには、ウラの定義を取り上げることが、いっそうたいせつであるという意味で、そう「言ったほうがよい」と書いたのである。

そこで今、このウラの定義をさらに裏返して、オモテの定義に結びつく第三の定義を取り上げてみたい。

「神のみ前に黙する」というのは、無念無想の無言の行をさすのではない。「主よ、お話しください。しもべはきいています」（サムエル記上3・9）。祈りは、神に語りかけ、願いごとを言うよりも、「神にきく」ということに重点がある。オモテの定義のように「神と話しあう」ためにも、こちらのひとりしゃべりであってはならないし、「きく」ことを知らなくては、話しあうこともできない。

そもそも「きく」ということばは、聖書のなかでも非常に重要なことばの一つとなっている。旧約聖書では約千百回用いられ、旧約に比べてはるかに小冊の新約聖書に四百二十五回でてくる。統計的頻度《ひんど》だけから、そのことばの軽重を定めることには問題があるが、「きく」ということばが、啓示宗教、すなわち人類への神の語りかけに基づくキリスト教にとっての中核的用語であることはうなずける。

「きけ、イスラエル（シェマー、イスラエル）」、これは旧約にひんぱんにでてくる神の語りかけの冒頭である。「耳のあるものはきけ」と、しばしばキリストは叫ぶ（マタイ11・15）。この場合、厳密に書けば、「聞」という字よりも、「聴」という漢字があてはめられなくてはならない。「聴く」とは、「注意深くきく」ことであって「聞き流す」ことではない。「傾聴」とは言うが「傾聞」とは言わないのもそのためであろう。事実、「きく」ということばが、聖書のなかでも「聞き流す」意味に使われているところがある。「今わたしが言った話をきいて実行しない人は、砂の上に家を建てる愚かな人である」（マタイ7・26）。とか、「かれらがきいたことば（よきたより）は役にたたなかった」（ヘブライ4・2）、「みことばをきいてそれを行わない人は……去ってしまえば自分がどんな姿であったかをすぐ忘れてしまう」（ヤコブ1・23、24）という場合の「きく」は、「聞き流す」、右から左に抜けていくことである。

「神にきく」とは、これと異なり、「神に聴くこと」、すなわち「注意深く神のことばに耳を傾ける」ことである。とりたてて言うまでもないことであるが、これが「神にきく」ことの第一の意味、第二は、きいたことを「心にとめて、思いめぐらす」ことである（ルカ2・19、51）。それに神の語りかけは、いつも「ことばによる」のではない。それはむしろ例外である。神がわたしたちに語りかけるのは、何よりも「できごと」をとおしてである。マリアが「心におさめて思いめぐらした」のは、まぐさおけのみどりごを探しあて、訪ねてきた羊飼いのできごとであり（ルカ2・8～19）、福音記者ルカが同じことばをマリアについてくり返すのは、十二歳のとき少年イエスがエルサレムの神殿で見失われたときのできごと（ルカ2・41～51）についてである。黙想的祈りと言えば、このマリア的姿勢のうちに、その典型を見いだす。

第三に、「きく」ということばは、「ききわける」ことを意味する。「わたしの羊は、わたしの声をききわけ、わたしに従い、わたしもかれらを知っている」（ヨハネ10・27）、日本語で「わかる（分かる）」は、「わける（分ける）」からくると言われるように、「ききわける」とは、だれの声かがわかること、すなわち「声を知る」ことであり、さらに「声の主を知る」ことである。「声をきく」とは、すなわち「声をききわける」ことであり「羊はその牧者の声を知り、それについていく」（ヨハネ10・4）。そして、羊のために命を与えるよい牧者は、自分の羊の声だけでなく、その羊自身を知っている（ヨハネ10・14、27）。「きく」ことは、このように、ヨハネにおいては「深く知る」意味にまで、さらに発展させられていく。

わたしたちの心のなか、頭のなかにはあまりに多くの声がする。自分自身の欲望やごうまん、他人に対する批判や非難などのために、神のことばが隠されているはずの日常のできごとを反芻《はんすう》することも、消化することもできず、それにどろを塗りたくったり、毒を入れたりして、まったく食べられないものにしてしまうのが人間の常である。さらには、まことしやかな自己弁護の声が強い盾のようになって神の声をきこえなくし、いつのまにか自分自身の耳が悪くなっていることさえ気づかないでいる。

祈りとは、このような雑音に覆われた心の耳を開き、まことの牧者キリストの声をききわけることを知り、そのキリストに従っていくことを教えるものである。

そこで、第四に、「きく」とは「従う」ことを意味する。まえに引用したヨハネ福音書でも、「羊はその声を知っているので、かれに従っていく」（10・4）とあり、また「わたしにはまた、この囲いにいない他の羊がある。わたしは、かれらをも導かねばならない。かれらも、わたしの声にきき従う」（10・16）、「わたしの羊は、わたしの声をききわけ、わたしに従い、わたしもかれを知っている」（10・27）と記されている。

日本語の聖書では、「きく」と「ききわける」、「従う」が訳者によってさまざまに交錯して、わかりにくくさえなっている。ということは、日本語で「きく」と「従う」という二つのことばが密接なかかわりをもっているからかもしれない。「ききわけがよい子」というのは、「素直に従う子ども」のことを言う。きいてもきかぬふりをするのは、「従いたくない」意思表示である。

外国語でもラテン語の場合にも「従順（obedientia)」ということばは、「きく（audire)」という動詞に由来すると言われるからには、「きく」と「従う」とは、語源的に重なりあっていることがわかる。この二つのことばの重層性は、聖書神学的理解および霊性の世界において、いっそうその重みを増してくる。「神の声にきき従うことより、いけにえや、ささげものを神は喜ばれるであろうか。神の声にきき従うことはいけにえにまさり、耳を傾けることは最上の供えものにまさる」（サムエル上15・22)。

次に「従う」とは、言いかえれば「と、ともにある」ことであり、それも「常に……と、ともにある」ことを意味してくる。これがヨハネにおける重要な用語の一つ「とどまる」ということばに変化する。ことにヨハネ福音書第十五章の四節から十節までに、集中的に用いられる「とどまる」ということばは、キリストとわたしたちの一体性の必要を説いている。この「とどまる」はヨハネ第十七章において、さらに「一つのものとなる」という意味に展開させられていく。キリストに従うとは、したがってキリストと常にともにあることであり、キリストと一つになること、さらに言えば、キリストのものになりきることと同意語になってくる。ここで、ヨハネ福音書の同じ第十五章の冒頭で言う、きわめて特異な「きく」ということばの意味が補足的に取り出されてくる。

「わたしはほんとうのぶどうの木で、わたしの父は栽培者である。わたしにあって実を結ばない枝は、父がすべてこれを切り取り、実を結ぶものを、もっと豊かに実らせるために刈りこんでくださる。あなたたちは、わたしの語ったことばをきいたことによって、すでに刈りこまれたものである」（15・1～3。バルバロ訳）。ここでの「きいた」ということばは、バルバロ訳だけに挿入《そうにゅう》されたもので、原文にはないが、この訳出は不当な過剰解釈とは言えない。「刈りこまれた」という独特な訳語も「きよくされた」という一般の訳とずいぶん離れてくるが、語義的というより、霊性の面からみて、福音的含蓄に富んでいる。なぜなら、キリストにきくことは、キリストに従うことであり、キリストに従うものは、「家、妻、兄弟、父、母、子、そして持ち物いっさい」（マタイ19・29、ルカ18・29参照）、「自分自身をも捨てなくてはならない」（マタイ19・29。10・38、39）からである。

このように、キリストに従うことは、まったく自己を無にすることである。「裸になって、裸のものに従う（Hieronymus: nudus nudum sequitur）こと」であり、それは、徹底的に「刈りこまれる」ことにほかならぬ。「本質的なものに接ぎ木され、枝葉のものを切り捨てること」が芸術の大原則であると言ったのは、フランスの偉大なる彫刻家ザッキンのことばである。霊性の世界、キリストとのかかわりにおいては、いっそう、そのことが言われなくてはならない。

「きくことは、刈りこまれること」、ヨハネの原文から、いくぶんはみでたと見えるバルバロ師の訳出から、たまたま補足的に取り出しえた、この「きく」ということばの第五の意味は、意外に重大な福音的理解を与えてくれると言えよう。いっさいを捨て、ことに自分自身を捨ててキリストに従うことが、キリストの語ったことばをきくことであり、それは「わたしをつかわされたもののみ旨を行い、そのみ業を果たすことが、それだけが、わたしの食べ物である」（ヨハネ4・34）と言うキリストの心を心とすることである。

み名の尊まれんことを
み国の来たらんことを

み旨の天に行わるるごとく
地にも行われんことを

神にきくキリスト者の祈りは、ひっきょう、この願いに集約されることになる。しかし、この主の願いをわたしたちの願いとするためには、み旨ならぬ多くのものを切り捨てることを知らねばならぬ。キリストのことばによって、刈りこまれることを学ばなくてはならない。しかも、わたしたちを刈りこむのは、ときには他人の批判や誤解、しっとや権力、あるいは神の愛さえもまったく見ることができない不慮の災いや、試練の残酷な斧《おの》である。しかし、「この世が与える平和ではなく、わたしの平和」（ヨハネ14・27）と言われる主の平安は、このようなきびしい刈りこみによってのみ与えられる。十字架のないところに、復活はありえない。なんぴとも奪うことのできないまったき喜び（ヨハネ16・22）を生みだす主における心の静寂は、常に十字架上の神の血によってあがなわれたたまものである。

私の心の静寂は
血で買った宝である
あなたには分かりやうのない
血を犠牲にした宝である

この静寂は　私の生命《いのち》であり
この静寂は　私の神である

（高村光太郎『智恵子抄』―おそれ―より）

ことばなき至純な祈りは、神のみ前に黙し、神にきくことを知る心の静寂のなかに息づく。

10　祈りの人間論

「祈りは魂の呼吸」というのも、肉体的生命の本質的行為である「呼吸」ということばをかりて、祈りの本質を説明したものであるが（「3　魂の呼吸」参照）、しかし祈りの要素ということになると、身体的要因は単なる比喩《ひゆ》にとどまるものではなくなる。「祈りの身体性」というのは、そのことである。祈りは心でするものであるとしても、心だけでするものではない。祈りは「魂の呼吸」、「愛の呼吸」、「われわれのうちにおける愛なる聖霊の息吹」であるという祈りの本質論は、そのまま正しいとしても、祈りの要因、または具体的構成要素ということになれば、人間の存在論的、心理的構造を取り上げずには考えられない。つまり、祈りの「人間論」である。ここでは神学の越境を許してはならない。「祈りと生活」、「活動と観想」という祈りのもっとも重大な問題について、多くの誤った把握、明瞭と見えて、その実まことに不明瞭な認識しかもてないのは、人間論を不在化している神学の不当越境、祈りの本質論過剰がその原因となっている。

ここで「祈りの人間論」などとおおげさに言っても、きわめて簡単なこと。人間は「心と体」でできており、この「二つが一つのもの」というまったく常識的なことがらを考えさえすればよいのである。大事なことがらは、むつかしいことがらでなく、むしろ身近で平凡な事実のなかにある。

絶えず祈れ―無名の順礼者―

だいぶんまえのことになるが、『無名の順礼者―あるロシア人順礼者の手記―』（A・ローテル訳・斎田靖子訳　エンデルレ書店）という本を読んだことがある。いくつかの国語に訳され、多くの人々の感動をよんだと言われる。すでに百年近くまえになるロシアの一キリスト教徒の祈りの体験が、そこに書かれていた。

パウロのテサロニケ人にあてた第一の手紙の終わりにある「絶えず祈れ」（テサロニケ前5・17）という勧めをどのように実行できるかということに日夜心を悩ましていたところ、順礼の途中、一隠修士に出会い『修徳の実践』という本を示され、その方法についての指導をうける。

すなわち古来、東方教会に伝わっている「ヘジカズム」という祈りの方法である。ギリシャ語で「ヘスカゼイン」というのは、「静かになる」ということで、一息ごとに「主イエス・キリスト、罪人のわたしをあわれんでください」と、くり返し唱えながら心を静め、行者は神人一体の境地に達すると言われる。「イエスのみ名の祈り」と言われるのは、そのためである。仏教で言えば、浄土系の専修念仏、称名念仏に近い。「百度石」とか「千度石」、「百万遍」などというのにも似た、東方キリスト教における祈りの修行である。無名の順礼者は、このイエスのみ名の祈りに精魂を打ち込み、最初は一日に三千回、次には六千回、最後には一万二千回もイエスのみ名を唱えることができるようになる。この一息ごとの祈りが、さらに肉体的に内面化されてくると、心臓の鼓動に合わせて唱えられるようになる。第一の鼓動で、「主」、第二の鼓動「イエス」、第三の鼓動で「キリスト」と言い、以下の祈りの部分も心臓の鼓動とともに心のなかに響くようになったという。まさに人間業とは思われないほどの祈りの修行を身につけていく。「心臓の鼓動とともに」というのは、胸に手をあてたり、脈を押さえたりしながらというのではなく、心臓の形とその鼓動の働きを想像して、一息ごとに「主イエス・キリスト、わたしをあわれんでください」と言う。すると、吐く息、吸う息ごとに「イエスへの祈り」が心臓を出たり入ったりするように思えてくるというのである。一見幼稚に見えるような祈りの仕方によって、無名の順礼者は深い祈りを体験していく。

「はじめのうちはこういう修練を、一、二時間つづけていたが、進歩するにつれてだんだん長くしていった。そして最後には、ほとんど一日じゅうこのつとめに没頭できるようになった。疲労したり、あるいは怠惰や疑念に襲われたとき、わたしはとりあえず『修徳の実践』を開き、この心臓の修練の参考になる箇所を読んだが、それによって、その祈りに対する熱心と愉快さとが再びわき起こってきた。約三週間たつと、わたしは自分の心臓に一種の痛みを感じるようになったが、それはのちに、非常に愉快な暖まりと落ち着きの感じになった。このことに励まされて、いっそうこの祈りをつとめ行うようになった。わたしは自分の努力をただこのつとめのみに向け、また、それを大きな楽しみにしていた。そして、それ以来、わたしは心と精神とに種々のさまざまな感じをうけるようになった。……また、心の甘美な暖まりが全身にみなぎり、自分のうちに神の現存を体験したことさえある。わたしは、イエス・キリストのみ名をよぶときの最大の喜びを感じた結果として、〝神のみ国はあなたがたのうちにある〟と言われた、主キリストご自身のみことばの意味を深く悟ることができた」（『無名の順礼者』60～62ページ参照）。

通常カトリックの祈りのなかでは、射祷とか、ロザリオの祈りなどが、いささかこれに類似している。事実、無名の順礼者もロザリオを常に肌身離さずもっており、それによって「イエスのみ名の祈り」を唱えつづけていた。教会、特に修道生活のなかに伝えられてきた「神の現存」の修行体験にも、これに似通ったものがあった。十五分ごとに、神の現存を思い起こすよう、それに注意を向けるために、ちょっと話を中断して「アヴェ・マリア」を小声で唱えるとか、ときには係のものが鈴または拍子木で合図をするというような習慣が残っていたのも、それほど遠い昔のことではない。今から二十余年まえ、わたしが修道院に入ったころには、このような修行方法が一部で守られていた。しかし、十五分ごとに合図をするのは、係になったものの途方もない神経の疲労になるので、まもなく廃止になった。それにしても、幼いころから修道院でしつけられてきたスペインの、それこそティーン・エイジャーの若い修道者のなかには、話のあいだにも、忠実に小さい祈りを織りこんでいるのを見て、ばかばかしい信心行とも思え、また一面、感心させられたものである。

「祈りの身体性」、または「体の祈り」、「体で祈る」ということは、最近特に東洋のヨガや坐禅について言われることではあるが、キリスト教のなかにも、実際上記のような祈りの体験として生きられてきたのである。

ということは、東洋のヨガや禅、あるいは西洋のキリスト教の祈りにしても、祈りが人間の祈りであるからには、体なしの祈りということはありえないことを示している。

ただ、東洋の文化伝統のなかに育てられてきた祈りの方法では、西洋、ことにラテン・キリスト教の祈りに比べて、はるかに体の役割が大きい。無名の順礼者がキリスト教徒であったとは言え、ラテン文化圏に属さない東方キリスト教の祈りを身につけたということも注目されてよい。

これは一つには、東と西のメンタリティ、精神構造の相違からもきているであろうし、キリスト教の神中心的性格と、東洋の宗教の「自己形成」を中心とする修行的性格によるものとも考えられよう。[1]

西洋キリスト教の霊性に見られる主知主義的傾向、東洋的宗教における体験主義への傾斜は、たしかに、よきにつけ、あしきにつけ、それぞれの領域において見られる大きな問題である。これをできるだけ正確に把握して、祈りの本質的理解を深めていってみたい。

注

(1)　岸本英夫『宗教学』　大明堂　68～69ページ
「西洋の宗教的伝統には修行性が弱い、ことに近代プロテスタントでは修行にあたる外国語を見つけることさえ容易でない」と教授は指摘し、その理由として、「概念的、理性的精神構造をもつ西洋に対し、東洋は直観的、体験的で、理論という回り道をせず、直接、修行という行動によって信仰体制の強化をはかろうとすることが、その原因と思われる」と言い、次に「神中心的宗教においては、神と神の恵みが強調され、人間の努力は重要視されない。むしろ、自分の意識的努力で信仰体制を強めようとする修行に伴う自我意識の過剰が、信仰のじゃまになる」ということが、さらに重大な点としてあげられている。適切な指摘であるが、一、二批判、補正を加える必要があると思われる。第一にあげられている東と西の精神構造の差異は、人間論的理解からして、また宗教的事実の観察からしても明らかである。

ただ二つの問題を指摘しておきたい。

西洋の宗教的伝統における修行性の希薄ということは、主としてプロテスタントをさされたのであれば、正しい。西洋キリスト教には、主知的な霊性をもつラテン教会であっても、五世紀の聖ベネディクト以来、広く深く教会のなかに育てられてきた中世修道生活の伝統があり、現代にまで及んでいる。そのような重厚な修道生活の伝統を、どのようにして現代の状況において生かすかということが、カトリックの重大な課題となってきている。かつて修行過剰に対する反動として生じた「世俗化（secularisation）」の波を受け止め、次代の新しい修道形態を生みだそうという陣痛の苦悶《くもん》が、現代修道生活の問題なのである。幼少時代、プロテスタントの家庭において育てられた教授には、この点が見落とされていたのだろうか。教授は、アヴィラのテレジアについてのすぐれた研究もなされているが、心理分析に中心をおき、カルメル会の修道的伝統にはふれられていない。

次には、キリスト教の中心的性格という点であるが、祈りは、どのような形であっても窮極的には神またはそれにあたる超越的実在を中心とするものである。修行についても、それが「直接的価値をもたず、手段的価値しかない（70ページ）と教授自身言われるように、修行は神を受け取る心のととのえをさせるもので、修行や、修行としての祈りによって必ず神に達するというのではない。泉は地からわき出るものであるが、天から降り注ぐ雨がなければできない。修行とは、その天上の慈雨を絶えず、じゅうぶんに吸いとることができるように、堅い地面を柔らかにする努力である。

この点については、さらにくわしく本文でふれることになるが、東と西の霊性の差異は、氏が述べられるほど簡単ではない。

ついでであるが、「修行」にあたる比較的近い西洋のことばは、「ascetic」であると言えよう。ときに「苦行」とか「修徳」と訳されているが、「修行」が最も近い。教授の注にはこのことばが出ていないので、付記しておく（同著68ページ・注2）。

身心一如《しんじんいちにょ》

人間はそもそも「心と体」という本質的要素によってつくられており、まえに言ったようにこの二つは「二つであって一つのもの」である。

人間は体から言えば動物と変わらない。いや、大きさにおいても、力においても、まことにひ弱な動物でありながら、心においては無限の宇宙をしのぐ人間、パスカルが「考える葦《あし》」と言った不思議がそこにある。「心と体」はそのように、あまりにも違ったものと思えば、肉体は精神をこの地上に縛りとめておく牢獄《ろうごく》のようにみなしたプラトンの考えもうなずかれないではない。しかし人間の神秘は、精神性の偉大さ、心の無限の広さと深さということにあるだけではない。無限の宇宙、無限の神をすら自分自身の思考のなかに包みこんで、この「無限の世界とは何か」、「神は存在するか」と問いかけることができる実存の彼岸にまで飛翔《ひしょう》するまことに高貴な魂をもちながら、片方では、実にささいなことに一喜一憂し、ときに身も世もあらぬほどの苦しみにもだえ、自殺もしかねない。

人間の神秘と言うか、なぞと言うか、むしろ、わけのわからぬと言ったほうがよい、こうした人生の摩訶《まか》不思議は、いったいどこからくるのか。「タライよりタライに移るチンプンカン」、産湯のタライから棺おけまでの、まことに「珍糞漢」がすべての人間にとっての生涯なのである。むつかしい説明はさしおいて、この人間の奇異は、簡単に言って「心と体」という両極の世界が、「一つ」になっているという不可解な人間の形而上学的神秘に根ざしている。祈りのような最も純化された精神現象、心理現象においてさえ、例外ではない。むしろ祈りのなかにこそ、この「心と体」という不思議な両極性が、最も大きな比重をもって現れてくるのである。食べたり、寝たりすることには、それほど大きな矛盾や逆説はない。口を動かし、横になるという、きわめてそぼくな肉体的行為をもって足りる。学問や芸術になれば、逆に精神性が事物を透明化していく純一な知的感覚の操作となる。しかし、祈りは、と言うと簡単ではない。祈りは、まえにもあげたように「神との対話」であり、「心を神にあげること」、「互いに愛されていることを知るもののあいだの親密な心の交わり」と言われれば、祈りは純粋に精神的行為と考えられよう。しかし、祈りが「心の働き」というだけならば、あの無名の順礼者の「絶えまなき祈りの修行」はまったく無意味なものとなる。道元禅師も若年のころには念仏を評して、春の田でかえるが鳴き叫んでいるのと同じように無益なことと言った。「口声をひまなくせる、春の田のかへるの、昼夜になくがごとし、ついに又益なし」（『正法眼蔵《しょうぼうげんぞう》』弁道話）。

しかしながら、このように念仏を無益と言った道元が、「祈りの身体性」を知らなかったのではない。否、どのような師よりも、体による祈りを坐禅一行によって価値づけたのが道元である。「もつこともなく、悟ることもなく、ただ行じもていく」、「無所悟《むしょご》、無所得《むしょとく》、只管打坐《しかんたざ》」はまさしく心のいっさいの作為《さい》を放下《ほうげ》して、坐ひとつになりきる「証上《しょうじょう》の修」、「身心一如」の世界であった。

また他方、称名念仏の一事に救いの極みを体験した親鸞《しんらん》にあっても、「名号不思議」と「誓願不思議」との関係を正しくとらえることは重大な問題であった。無学で文字も知らないような人をとらえて、「念仏するのはアミダの誓願の力の不思議に信頼してのことか、それとも称名の功徳に期待するからか」という二者択一のさかしらなむつかしい知性的分析をもてあそぶ学僧を糾弾している（『歎《たん》異抄《にしょう》』十二）。

西洋哲学流に言い直せば、親鸞は念仏の観念論的解釈である誓願説と、唯物論的理解と言ってよい称名説の対立二分を排するのである。

誓願不思議によってこそ名号不思議があるわけで、その両者は紙のウラオモテのようなもの、別傍計でないと言っていることは、単に真宗教学の課題、仏教心理学の問題というのではなくて、人間の身心一如という存在論的構造にその根拠をもつことがらにほかならない。

念祷の師、アヴィラのテレジアは、声祷だけしかできず、念祷が思うようにならないことに悩んでいた一修道女が、非常に高い観想に達していた例をあげている（『完徳の道』第30章284ページ）。

祈りにおける「心と体」の深い相互関係をはっきりと示している教えとして、パスカルは、およそ次のような意味のことを言っている。「善男善女の信者たちがするように、なんでもよいから祭壇の前にひざまずいて、祈るかっこうをしなさい。何度も何度もそうしているうちに、神はひとりでに見えてくる。わかってくるようになる。」

「祈りの心」からおのずと「祈りの形」がでてくることも事実だが、逆に「祈りの形」をとれば、不思議に「祈りの心」が生じてくることを、パスカルは教えようとしている。

神さまや　仏さまが
ほんとうに　いらっしゃるか　どうか

でも　あの合掌したときの安らぎは
どこからくるのでしょう
右の手の悲しみを
左の手が　ささえ
左の手の決意を
右の手が　うけとめる
その上を　流れる　静かな時間
こうした姿勢を教えてくださったのは
どなたでしょう

…………

（「浅草観音」　高田敏子）

これもまた、体の姿勢が祈りの心をつくることを示すパスカル的視野につながるものである。手紙の終わりにも書く「合掌」ということば、また、そのことばが表す行為は、尊敬、礼拝の心を意味し、「ひざまずけ」ばおのずと、「けんそん」、

「敬畏《けいい》」の心がわいてくる。

祈りが神や仏に向かう心の動きとなる、知性や意志の内面的行為としてのみ考えられることは、一種の観念論的誤謬《ごびゅう》である。やっかいな問題として、よく取り扱われる祈りのなかの雑念ですらも、体あればこそ生ずる現象である。純霊の天使、天国の諸聖人、神などに雑念の生じようがない。

とすれば、「祈りの身体性」ということは、わたしたち人間のする祈りについて考える重要な課題を提供する。かつてフランスのカルメル会士が『体で祈る』という題で東洋的祈りの方法を紹介して、人々の注目をひいたことがあった。(1) キリスト教の祈りのなかには、特にラテン系ヨーロッパ文化において「精神の身体性」、「身体のもつ精神性」が長く閑却されていたことが、そこに指摘されている。

注

（1）Marcel "Prier avec le corps" (Prétres du Carmel 所載)。「体で祈る」、著者は、祈りのなかにおける体の役割を浮き彫りにするため、インド、および禅における身体性を取り上げているので、「で祈る」と訳してよいと思われる。

しかし、フランス語 avec は「ともに」とも訳されることを考えれば、「体とともに祈る」とすれば、身心一如を主張する東洋的霊性にもあてはまる適切な訳語となろう。著者の意図するところを超えるであろうが、avec ということばの「で」と「ともに」を使い分けることによって取り出される祈りの一面でもある。

水分と水

「存在と行為」、少し硬い言い方かもしれないが、砕いて言えば、人間の「あり方」と「すること」というのは、因果関係のように密接に結びついている。哲学の公理にも、「行為は存在に従う」ということばもある。

ということは、人間の存在が「心と体」という切っても切れない二つのものによって構成されていることは、人間の行為もそれによって同じように規定されているということである。つまり、祈りというきわめて純粋に精神的行為と思われるものが、きわめて肉体的要因によって基礎づけられ、形作られていることを今まで述べてきた。このことは「祈り」の理解において、神とか、天使、天国の諸聖人のように体をもたないものの祈りについて考えるのと、人間の祈りの問題とは本質的に異なるということである。人間の祈り、ことに修行としての祈りを考えるとき、体が大きな役割を果たすことは、坐禅や称名念仏、無名の順礼者についてみればじゅうぶん理解できる。それほどに体が祈りにおいて本質的な役割を果たすと言うならば、祈りの理解において、体に関連することがらを比喩として取り上げることは、比喩としてだけで片付けられない現実性をもつということがわかる。このことを前提としたうえで、体と水分との関係を取り上げ、祈りの理解にあてはめてみよう。

体の生命を保つために水分の必要なことは言うまでもない。人間の体は、七十パーセントが水でできていると言われるほどである。ところで、この水分が体にとられるのには、三つの形がある。一つは空中の水分、次には食物のなかにある水分、第三は飲み水である。まえの二つは目に見えない水、すなわち「水分」といわれるものであり、第三は見える「水」である。空中に水分がなければ、人間はたちまち死んでしまうであろうし、わずかに欠乏するだけで異常乾燥になる。人間はこの目に見えない空中の水分を、寝ているときさえ呼吸しているように、神なくしては人間はたちまち死んでしまう。この空中の水分にたとえられる祈りは、まえに述べた絶えまない神の呼吸、魂の呼吸である。神の現存というのはこのことである。

「事実、神はわれわれひとりびとりから遠く離れておいでになるのではない。われわれは神のうちに生き、動き、存在しているからである」(使徒行録17・27、28)。

目に見えない神の現存、その一瞬も欠けることのできない現存によってわたしたちがみたされていることを知る。これが絶えまなき祈りの根底にある。

次にもう一つの無形の水、それはすなわち、水分として食物に含まれている。食物は、言わば日常の生活行為にたとえられる。食物のなかの水分は愛、すなわち祈りの心である。日々の生活行為が祈りによって生かされていなくてはならないことのたとえである。これは「生活の祈り」、または「生活即祈り」の裏づけになる。

だが、体の命が支えられるためには、この二種類の無形の水、すなわち空中の水分と食物のなかの水分だけでは足りない。一日どれだけかの水、すなわち、有形の水をとらなくてはならない。これが「祈りの生活」の必要性、すなわち一日どれだけかの、いわゆる「祈りの時」をもたねばならないことを示すたとえになる。

祈りの問題を正しくとらえるためには、この三つの祈りの形について考えなくてはならない。事実、パウロの言う「絶えず祈れ」（テサロニケ前5・17）のことばが、まったく正反対と見える受け取り方がなされるのも、この神の現存のとらえ方の相違からくる。

無名の順礼者は、空中の水分にもたとえられる神の絶えまなき現存を一息ごとのイエスの祈り、心臓の鼓動にまで合わせる祈りの修行として肉体化しようとする。これに対し、第二の食物のなかの水分にたとえられる無形の祈りを、「絶えず祈れ」という聖パウロの勧めであると受け取るものがある。

「現代の霊性をうんぬんするには、今や、人々はますます〝祈り〟に専念する時間を失いつつあり、〝きまった時間〟に祈ることができなくなっている、という事実を考慮に入れなければならない。わたしたちは、どうしても〝絶えず祈ること〟を学ぶべきであるし、また〝活動の霊性〟というものを身につけなければならない……」（エヴェリー『現代人の祈り』150ページ）。[1]

直接パウロに尋ねなければならないことかもしれないが、かれがテサロニケ人に「絶えず祈れ」と言ったとき、一日、一万二千回のイエスのみ名を唱えることを勧めたとは思われないし、また「生活即祈り」、「人と話をしなければならないときには、いつもちょっと待って聖霊に相談せよ。だれかの訪問を受けている、あるいは、だれかの言うことに耳を傾けている人のように振る舞え。……人に質問されたときには、まず出ようとする答えをぐっとのみこんで、ちょっと祈り、自分の言うべきことをきけ。話すときこそ、きき方を知らねばならない。だれかに会おうとするときには、ちょっと待て。そうすれば、もう一人のかたを同伴していくことができる」（同上つづき　傍点筆者）というような、活動のあいま、あいまに織りこむ「ちょっとの祈り」をパウロが教えたとも、わたしには考えられない。

　多忙な現代人の生活のなかで、どのように祈るかという重大な問題において、最も危険な考え方は、「生活即祈り」という至高の神秘段階を、なんらのただし書きもなしにそのままだれにでもあてはめようとする短絡論理である。活動や生活がそのまま祈りになるというのは、体をもたない天使、天国の諸聖人、神については言えることである。かれらに、一日二時間の念祷も、長時間の坐禅も、一日何万回の称名念仏もいらないことは確かである。

しかし、人間は天使ではない。体をもった存在である。この平凡な事実を忘れることは、祈りの本質と祈りの要素との区別を見落とすことになる。本質論過剰によって祈りの喪失をもたらすと、まえに言ったのは、そのことである（10「祈りの人間論」67ページ参照）。

「キリスト教は活動と観想とのあいだの世に知られた、しかしまちがった区別を、ずっと以前に卒業してきた。それはキリスト教の本質が愛に参加することにあるからである。キリスト教の祈りは、祈ること自体すでに愛することであり、キリスト教における活動は神の愛によって動かされたものである」（エヴェリー『現代人の祈り』131ページ）。

まばゆいまでに美しい祈りの理想論がそこにある。しかし、キリスト教の本質は愛であるという観念的規定によって、祈りと活動の問題を簡単に整理してしまうことほど、大きなあやまりはない。

著名なカーライルも「働きは祈り」であることを強調し、「根本的に言って、すべての真の労働は祈りである。労働でない祈りのようなものは、すべてバラモン僧、道徳廃棄論者、踊る回教僧、あるいはその他、どこなりと行ってしまったらよい」と、激越な口調で述べる。

ヨゼフ・ピーパーは、その名著『余暇―文化の基礎』のなかで、この「労働即祈り」の論理を手厳しく論難している（ヨゼフ・ピーパー著　稲垣正典訳　エンデルレ書店『余暇―文化の基礎』73ページ）。

一方には無名の順礼者や禅者、あるいは観想修道会に見られる「祈り即生活」があるとともに、他方にはカーライルや、エヴェリーのように「生活即祈り」の理論を通そうとするものがある。現代社会に活動する修道者たちも、そのことを考えざるをえなくなってきている。

この二つの、まったく相反すると思われる祈りの理解をどのように受け止めるべきであろうか。すべての霊性、ことに修道者にとっては根本的な問題である。カトリック教会のように長い伝統をもつところにあっては、教会の現代化と土着化という重要な課題との関連のうちに、この問題を真剣に考慮しなくてはならなくなってきている。観想修道会にとっては「祈り即生活」、活動修道会は「活動即祈り」という短絡理論で片付けていくことはできなくなってきているからである。

「わたしの生活は、そのまますべて祈りである」とまで言いかねないカーライル流のおごりは、およそ祈る人の心とは縁遠いものであろうし、他方、修道生活のわくにはめられた祈りの日課を習慣的に守っているだけで、祈りの人のように自分にも他人にも無意識に思いこませようとする欺瞞《ぎまん》は許されない。

この問題は「祈り」というテーマをはるかに越えて、修道生活の神学にまで及ぶことであるので、詳しくはまたの機会に譲るとして、今は「祈り」を中心に問題の焦点だけをとらえていくことにしたい。

祈り一徹

祈りについて考えるとき、どのように定義されるにせよ、どんな形の祈りにせよ、すべてのものに共通すべき点は、「絶えず」ということである。祈りとは心を神にあげることであり、神と親しく交わることであり、神と対話すること、あるいは神のみ前に黙することであるなど、さまざまな説明の仕方があるにしても、要はいずれも「絶えず」という副詞がついていなくてはならない。

なぜなら、祈りの本質は、神との一体化を絶えず深めていくことにあるからである。祈りが魂の呼吸であるというのも、寝ていても、覚めていても、呼吸のように絶えまないものであることを示そうとするものである。それに祈りを文字どおり体の呼吸に結びつけようとしたのが、無名の順礼者であった。踊り念仏の空也上人の有名な彫刻が、一本の枝に並んでとまる小鳥のように口から出る六体の小さい仏像をもって象徴しようとしたのも、やはり一息ごとにナムアミダブツを唱えていたことを表そうとしたものである。いずれも生活のすべてを祈りの水に浸してしまおうとする強烈な祈りへの熱情である。それに対し、日常のさまざまな生活行為の一つ一つに祈りの血を通わせようとするのが、「生活即祈り」の論理から割り出される「絶えず祈る」ことである。通常のものとしては、「ありがとう」、「ごめんなさい」はもちろんのこと、食前、食後の祈り、起床、就床、さらには「おはよう」や「こんにちは」、「さようなら」、「行ってきます」、「ただいま」、「お帰りなさい」なども、祈りのこもった美しいことばにもなってくる。その他、人との会話、仕事、すべてにおいて常に神に心をあげようとする努力によって、日々の生活行為がひからびたパンにならないようにする。いずれも「絶えず祈れ」の工夫である。

この「絶えず」ということに問題はない。ただ、どのようにしたら絶えず祈れるか、この「どのように」ということにおいて、考え方、祈り方が異なってくる。すなわち、「祈りの本質」ではなく、「祈りの形」ということである。

だれでも

しかも、ここで、さらにもう一つ同時に考えなくてはならないたいせつなことは、祈りは「絶えず」すなわち、「いつでも」、「どこでも」というだけでなく「だれでも」ということである。

どんな環境にあるものも、どんな身分、職業にあるものも、だれでもが絶えず祈らなくてはならない。とすれば、だれでもができるし、また、しなくてはならない形を工夫しなくてはならない。いわば祈りの根源形式である。

一、と言うよりも、ゼロにあたる祈りの形である。

「一」に徹する祈りと言えば、イエスのみ名の祈り、念仏、坐禅がそうであり、一、二、三、四……無限に祈りの形を広げていくのは、「生活即祈り」の理論である。

前者の祈りは「一に徹する」という根本において共通しているが、一にあたるものは、まちまちとなる。念仏、坐禅、真言の阿字観《あじかん》、イエスのみ名の祈り、さらにヨガのOM、千差万別である。

そこで、一つのものだけを修行するか、あるいは、いくつかのものを重ねあわせて祈りの形をつくるか、霊性の受け止め方による。念仏禅と言われる黄檗《おうばく》系の禅宗もあれば、法燈国師《ほっとうこくし》によって禅の印可をうけた一遍の念仏もある。今ではキリスト禅とか、「南無《なむ》キリスト」と唱えて坐禅するキリスト者もある。明治時代にも、木魚をたたきながら主祷文を唱える著名なキリスト教徒があり、ときに「ナムアミダブツ、アーメン」と祈る人もあるという。

それぞれの霊性の純粋さに徹しようとするものには、このような混合した霊性はまことに奇異であり、不愉快なものであろうが、いずれにしても、「形は相対的なものである」という事実が、そこに見られる。これでなくてはならないということは、その人自身について言いえても、すべての人に対してあてはめられるとは限らない。「祈り一徹」という共通要素は失ってはならない祈りの本質的、普遍的なものでありながら、その祈りの形という点からは、一様にならないということである。

しかも、この祈りの形からくる修行的祈りには、その他さまざまな病がでてくることも忘れてはならない。

祈りの病

第一には修行主義ということである。祈りの数は百回よりも千回、千回よりも一万回がよいであろうし、祈りの時間は一時間よりも二時間、二時間よりも十時間、十時間よりも二十時間ついには、一日じゅう祈りでみたしきってしまおうとする欣求《ごんぐ》不断の精進となる。常識では考えられないほどの修行、荒行の形が次々と生みだされてきたことは、仏教史においてことに顕著である。そこでは意志と体力の自力的性格が強調されてくる。そこでは修行の厳格さと、それをする、また成し終えることの満足が、はげしく追求される。そこで「満願」、「満行」の目標や生活規則の厳格さが修行を神格化し、宗教的エリートをつくることになる。

念仏三昧《ざんまい》の霊的甘美に浸ること、坐禅をすればおのずと悟ったような気分になること、黙想をしたり、修道院に入れば自動的に半ば聖人になっているような錯覚から完全に脱却することは、なんぴとにとっても容易ではない。それに気づくことさえむつかしく、気づいたときには、むやみに修行の形を捨てて世俗化しようとする。聖人とみられたくないと思う、裏返された虚栄がそこにでてくる。

この点について、中国の傑僧、馬祖《ばそ》の若かったころの話がある。

師南岳《なんがく》のもとで修行していたときのことである。南岳は馬祖のよき資質を直観して、ある日、坐禅をしている馬祖に尋ねた。

「坐禅して何を求めているのか」

すかさず馬祖は、

「成仏――仏になる」

と答えた。南岳はそばの一枚の瓦《かわら》をとり、庵《いおり》の前の石でみがきはじめた。師南岳の奇異な行為を見て驚いた馬祖は、

「師よ、何をしておられるのですか」

と尋ねた。

「みがいて鏡にするのじゃ」

と、平然と答える南岳に、

「瓦をいくらみがいたとて鏡になりますまい」

と、半ばあっけにとられるように言う。南岳は静かに、

「坐禅して仏になれるかな」

と返した。有名な「磨塼《ません》（塼《かわら》を磨《みが》く）」の話である。

これは、言うまでもなく、坐禅をしてもむだであると言っているのではない。坐禅の修行主義、自力主義を排斥しているのである。このような鮮明な脱坐禅がないところには、真の坐禅はない。

これと本質的に同じ問題が、すべての宗教、すべての霊性のなかに、どれほど深く、微妙にくいこんでいるかを知ることは、祈りや修道生活に、いかに重要であるか、けっして誇張しすぎることはない。というのは、これはまた転じて、逆に修行の無意味、無価値を示すことにもなりかねないからである。

このように、一方で神話化、修道会則の機械的遵守による祈りの形式化、形骸《がい》化の危険があり、他方では修行アレルギーの世俗化現象が生ずる危険がある。心の実《じつ》が形に伴わないときの惨めさである。無名の順礼者や、道元や親鸞のように、祈りの形が祈りの心のあふれになっているときは、この弊害はない。形が心をつくるものであることを思い、謙虚に、熱心に修行や祈りに励んでいるときはよい。ただ形を守っていれば、それだけで心もできているかのように思いこむことに問題がある。

このような形式主義は、やがて祈りのマンネリズムになり、生活自体とかけ離れた無力なものとなってしまう。何度回心の祈りを唱えてみても、回心の実《じつ》はまったくあがらない。

祈りはただ、一つの、つ、と、め、ということだけになる。これは美しく包装したリンゴの箱のなかに腐ったリンゴが入っているようなものである。形と心とが一つになった場合の形は、リンゴの皮のようなものである。皮はたとえリンゴの実《み》を包むということでは同じであっても、包み紙でも箱でもない。リンゴの実と同じ命で生かされたもの、中味と切り離すことのできない形である。祈りの形がこのようなものとなれば、生きた形となる。

以上のことをもう一度要約すると、第一の祈りの形から学ぶべきものは、一つの形を徹底的に生き抜いた人たちの「祈り一徹」の精神である。これはどこにあっても変わるべきものではない。普遍的なものである。「絶えず祈る」ことの「絶えず」はこれにあたる。しかし、そこに工夫された「祈りの形」は、相対的、個別的なものである。どの祈りの形に従うかは、宗教により異なり、それぞれの霊性にふさわしいものが考えだされるべきであり、個々人によっても異なってくるべきものである。いずれの形に従うにせよ、形が身についた祈りにならなければならない。リンゴの皮のように。形は体によるものであるかぎり、通常、そこには長い修練が必要とされる。これが修行としての祈りである。さらに祈りの形が身につくためには、「形に対する信頼」がなくてはならない。これをすれば必ず、ほんとうの祈りが身につくのだという確信をもってしなくてはならない。確信なしにすることは何も身につかない。これを禅では大信根《だいしんこん》と言う。「形によりかからず、しかも形を信ずる」、これが形を生かすためのたいせつな心構えである。形によりかかりすぎれば、形式主義、形の神話化に陥り、形を信じなければ、形は無力化して心をつくることができなくなる。

しかも、祈りの形への信頼は、自己忘却という祈りの最も基本的なものを与えるかぎとなる。形を信じ、形によって心をつくるというだけではなく、心をつくるためにという欲も執着も忘れて、ただ形に自らをゆだねきってしまうとき、形がはじめてほんとうの形になる。身心脱落《しんじんだつらく》のための修行的坐禅が、脱落身心《だつらくしんじん》、即《そく》身成仏《しんじょうぶつ》の坐禅に変わる。修証一如《しゅしょういちにょ》となる。芭蕉の言う「格に入って格を出づ」

ということである。ここまで行きつかなければ、リンゴの皮にたとえられるような生きた祈りの形とはならない。まことに「大信根」には、さらに「大奮志」が要求される。格に入って格を出なければ形式主義であり、格に入らずには格を出ることもできないのは、言うまでもない。入らなければ、出ることもありえないからである。

入ることなしに、最初から出ようとする、「わくなしの祈りを」というのが、第二の「生活即祈り」という理論の生みだす危険である。これは結局、祈りの喪失となる。

注

（1）　L・エヴェリーには、日本語訳になったものとして、『その人はあなただ』、『われらみな兄弟』（吉田聖訳　エンデルレ書店）などが好評である。『現代人の祈り』田中愛子、織完共訳　エンデルレ書店は、祈りの中心的理解という点で、興味ある重大な指摘がなされているが（「2　祈り—神の逆説—」参照）、論理の荒削りが、せっかくのよい論旨を受け入れにくいものにしているのは遺憾である。

生活即祈り──祈りの実存的理解──

ただ、この「生活即祈り」の理論には、第一の祈りの形とは別のたいせつな問題が含まれている。すなわち、祈りをただ心理的な次元または存在論的レベルで扱うだけではなく、実存的な場においてとらえようとする点に着目しなくてはならない。心を神にあげるとか、神との親しい交わりというのは心理的次元での祈りの説明であり、神秘体験における神との一体化、または「霊の変容的一致」というのは、存在論的関係において祈りを理解しようとする。いずれも、その次元で正しい祈りの把握であるとしても、キリスト教的祈りの中核をそのものずばりに押さえてはいない。そこで神を仏に変えれば、仏教的祈りと本質的になんら異なるものはない。

キリスト教的祈りの中核は、そのような心理的、存在論的次元における神とわたしとのかかわり方に窮極的価値をもつものではない。

キリスト者の祈りは、思うこと（心理的）、あること（存在論的）はすべて、することと、すなわち神のみ旨を果たすことの願いと、その絶えまない努力に収斂《しゅうれん》されていくものでなくてはならない。これを祈りの実存的性格、あるいは「行動の霊性」と言ってもよい。「主よ、主よと言うものが天国に入るのではなく、天にいます御父のみ旨を行うものだけが入る」（マタイ7・21。ルカ6・46参照）。「わたしの食物は、わたしをつかわされたかたのみ旨を行い、その業を成し遂げることである」（ヨハネ4・34。5・30、36。6・38。17・4参照）。

天国においてキリストとともにあるものは、偉大なる活動家でも観想家でもなく、日々キリストとともに十字架につけられた人たちであると言った中世神秘家のことばも、そのことを裏書きする。

キリスト者の祈りは、仏教徒が穢土《えど》とよぶこの地上の現実から離れて天上的な香りに浸ることだけを求めるものではない。この「世の光」であるキリストとキリスト者は、この世からかけ離れた光となることではない。この世に入り、この世の悪と戦いながら、この世を焼き直していく燃えあがる炎の発する光でなくてはならない。

「わたしがこの地上に来たのは、火を投ずるためである。燃ゆるほかに何を望もう」（ルカ12・49）、「わたしがこの地上に平和をもたらすために来たと思ってはならない。平和をもたらすためではなく、剣をである」（マタイ10・34）と言うキリストが、わたしたちに教えた祈りの中心は、「み旨の天に行わるるごとく、地にも行われんことを」（マタイ6・10）ということであった。

　このキリストの求めるみ旨の「行われんことを」という宇宙的Fiatの祈りは、マリアのみ旨のままに「われになれかし（Fiat mihi）」（ルカ1・38）という地上的実存の自己投与の祈りとなる。

　この行動の霊性が、「生活即祈り」の基本的裏づけとなる。つまり、祈りの実存的理解ということである。「食べるも食べないも主のためであり」、「生きるも死ぬも主のもの」（ロマ14・6、8）というパウロのことばは、祈りの心理的、存在論的一体性にもとづく実存的性格を一言に要約したものと言えよう。

　このように生活のすべてが絶えざる祈りとなることは、キリスト者の祈りの至高の姿であるにちがいない。しかし、理想と夢想とはしばしば紙一重である。

　もし、かりに、このような理想がそのまま実現されるとすれば、第一の形の「絶えまなき祈り」はまったく無意味にさえなる。道元が念仏を田のあぜのかえるのむなしい叫びと言うならば、無名の順礼者の祈りも同じくそうであろうし、只管打坐の坐禅も人間を無価値にする植物化、いや、さらに雲のごとく、水のごとき人間の無生物化の極限と言えないだろうか。

水の祈り

ここで問題の理解を助けるために、まえにあげた第三のイメージについて考えなくてはならない。水ということである。人間の体が生きていくためには、空中の水分や、食物のなかの水分だけでは足りない。一日何リットルかの水をとらなければ死んでしまう。そのように魂の呼吸である祈りも、空気のように神を吸い、食物のように行動を愛によって生かすだけでなく、水にもたとえられる祈りの時をもたなくてはならない。

「祈りの時」の必要性ということは、この祈りの身体性ということからのみ引き出すことができる。このことは重大な指摘となる。事実、祈りを心の問題としてのみ考えるときには、「祈りの時」をもつことの必要性は取り出せない。「絶えず祈る」ことが神に向かう心構えであり、生活のうちに絶えずみ旨を求めていくことであるというだけならば、そのために祈りの時を別にもつ必要はない。ふだんの生活のなかで、そのように絶えず修練していけばよいことである。

キリスト自身、ときに夜、山のなかに退き、そこで祈られた（マタイ14・23）という例をそこに取り出してみることも、じゅうぶんな裏付けにはならない。

キリストが神であると言うのなら、そして、その食物は絶えず御父のみ旨を行うことであるとキリスト自身が言われるなら、生活のすべてを祈りにするために、キリストは何も中休みをする必要はない。神であるものにおいて、祈りと生活が二分されることはないからである。とすれば、神であるキリスト自身にとっては必要のないことであるが、わたしたちに模範を示すためにそうされたというのは、あまりにも身の入らない祈りである。それこそ模範にもならない。キリストがそうされたのは、そうせざるをえない自身の必要性があったからである。それは、キリストの人性にある身体性による。(1)

祈りの時の必要性を説明するために、もう一つの理由が取り上げられることがある。「より熱心に祈るため」とか、神との一致を「強める時（le temps fort）」をもつためにとかいうのがそれである。

これもまた、祈りを心理的にのみ考えれば、あやふやな理由になる。細かい説明をしなくても、そのあいまいさは体験によってわかる。祈りのときに、いつもほんとうに、より熱心に祈っているか、どうか、わずかながら反省してみればよい。よく祈っているときもあろう。少なくとも、よく祈るつもりで聖堂に行くことが、神によみせられることは確かである。しかし事実は、気を散らしたり、居眠りしたり、ぼんやりとときを過ごしたら、およそ「強い時」と言われるのには縁遠いのではないか。「強い時」どころか「弱い時（le temps faible）」になってしまうようでは、「祈りの時」とは言えないのではなかろうか。もし雑念もなく、心も静かで、頭も疲れていない上々のコンディションのときだけ「強い時」をもっていると言うならば、いったい祈りはいつすることになるのだろうか。

それに祈りらしい真剣な祈りは、このような落ち着いた生活の無風状態のなかにあるのではなく、さまざまな生活の困難、ハイジャックに襲われて死に直面したとき、そのような実存的状況のなかでこそ、文字どおり「強い時」と言える祈り、「より熱心に」祈るのではなかろうか。

要するに、このような祈りの必要性の説明も論拠ふじゅうぶんということである。

なぜ、祈りの時をもたなくてはならないのか。それも、できるだけ毎日。その理由。その理由は心の問題だけで解決しない。心のもつ身体性ということに由来する。一日二十四時間を三度の食事と、一度または二度の睡眠によって区切る体の生活によって本質的に条件づけられた心の生活が必要である、というきわめて人間的動機である。人間の体は、一年分の食べだめ、一か月の寝だめもできないならば、祈りも祈りだめをすることはできない。

一年に一度の初もうでで一年分の祈りをすませたり、気の向くときだけ坐禅をする。暇があるときに祈る。それでも悪くはないだろう。苦しいときの神頼みでも、頼まないよりはましである。せめて一生に一度でも神を思い出すことがあれば、それもまた一度だけに尊くもある。しかし、このような祈りでは、祈りが身につくには至らない。祈りが根底から生活を絶えずつくりかえていくような、はげしい原動力とはならない。まことに神の力を生みだす源となる祈りが生みだされるためには、体ごと祈りにならなくてはならない。それが人間の祈りなのである。

そこで、一日どれだけかの時間、一か月に一両日、一年に数日、何年かにはさらに長期の祈りの時、すなわち黙想が必要となってくる。

　時間、時日の長短は、個々人の生活、それも年齢、性格、健康、今までの教育の状況に応じて決められるべきであり、修道会であれば観想会、活動会、さらには修道会の伝統や習慣と各修道院がおかれる現在の事情によって賢明に、柔軟性をもってきめられなくてはならない。それに共同生活では、共同の祈りと個人の祈りとが適宜に配分される必要がある。

　以上が、「水分と水」のたとえによって理解された祈りの第三形態である。この祈りの第三形態にも、第一形態の祈りに生じやすい祈りの神話化、形式化、惰性化という弊害を免れることはできないが、第二形態の生活即祈りの理論が活動主義に流れて、結局、祈りの喪失に至るのを防ぐ力にはなる。「祈りの時」の必要性を裏付けてくれるからである。

　ただ第一の形態では、熱心のあまり祈りの修行競争になったり、行をすることの自己満足に陥ることもあるのに対し、第三の祈りの形態は祈りを微温化する弊害がある。「祈り一徹」になる推進力に欠けるということである。それも、イエスのみ名の祈り、ロザリオ、坐禅とか念仏のように、単純な形をくり返すのではなく、祈りにあてられたときを、さまざまな形の祈り、ミサ、「教会の祈り」、聖体賛美、ロザリオ、十字架の道行……などで埋めていくときには、知的、心理的には倦怠感《けんたい》なしに、一種の祈りの充実感も味わわれるだろうが、霊的純粋さと神ひとすじに生きる一徹な心を養うのには弱くなることがある。形の豊かさからくる祈りの貧しさである。ことにカトリック教会では、いわゆる信心行が近ごろ非常に簡略化されてきているとはいえ、昔からある数多くの信心形態と複雑な典礼規則が、祈りの深さとダイナミズムを失わせていることもいなめない。このようなことから、禅瞑想の深い単純さや、聖霊カリスマの集いに見られる自由な祈りに霊のダイナミズムを見いだしていこうとする動きが現れてきている。そのような祈りを取り入れることの是非うんぬんよりも、今の祈りの病源を知り、それをいやす道をどのように見いだしていくかに、現代キリスト者の祈りの問題がある。

学ぶことと、そのまま取り入れることとは異なる。祈りのキリスト教的本質と、そこからつくりだされる祈りの体質というものは、変わりようがないし、変わってはならない。異質のものは受容されたあと、同化されなくてはならない。それが学ぶことである。東洋の霊性とそこから生みだされた祈りに学ぶというのは、そのことであって、キリスト教自体の本質を見失うことであってはならない。これは逆に仏教、その他の東洋的霊性についても言えることである。両者の出会いが、山麓《さんろく》ではなく山頂でなされるとき、人類の最も美しい魂の賛歌の交響曲を奏でることができよう。

注

(1) この「祈りの時の必要性」についての説明は、『カトリック入門』においても明解を欠いている(149〜150ページ)。

ダムの湖—祈り以後の祈り—

祈りの必要性を水のたとえによって裏付けてきたが、水の祈りが真に力のある祈りになるためには、祈りの水はダムのように千仞《せんじん》のがけを滝のごとく流れ落ちなくてはならない。そして、そのダムの水になるためには、ダムの上の湖のように、流れがせき止められていなくてはならない。深い静かな水が一挙に落下するとき、水力に変ずる。目に見える水は目に見えない電気になって、人間の生活を豊かにうるおす源となる。

ダムの湖にもたとえられる形ある祈りは、今形なき祈りになって、目に見えない電気のように生活のすみずみにまで入りこんでいく。これが、第三の有形の祈りが転じて無形の祈りとなるイメージである。これを「祈り以後の祈り」、または「第四の祈り」と言ってよい。ここでは、第一の空中の水分のようにわたしたちを絶えず包んでいる神の現存を、そのまま水の形に変えようとする「絶えまなき祈り」でもなく、また、第二の食物のなかの水分のように、わたしたちの生活行為のなかに包まれている形なき祈りというだけでもない。水はそれとまったく異質の電気となり、光源、熱源に変じて暗い夜を照らし、食物をつくる熱になるように、この世界を焼き直していく祈りとなる。つまり、そこには祈りの二重構造がある。せき止められた水にたとえられる形ある祈りと、それが電気に変わる形なき祈り、すなわち、祈り以後、または祈り以上の祈りとして「生活の祈り」となることである。

第一の祈りがそこでは湖になり、第二の形の祈りは、生活のすみずみに広がっていく電気にもたとえられる異質の形をとる第四の祈りに変わる。このようにして第一と第二の祈りは、第三の形ある祈りから生みだされる第四の祈りとなる。仕事の合間、合間に祈りをさしはさむこと、主な生活行為に祈りのわくを与えること、例えば、食前、食後の祈りや、感謝、謝罪のことばやあいさつにいたるまで、祈りの形式をとらないものまでも祈りの心を通わせていくことは、たしかに貴重なことである。これが第二の祈りの形でもある。しかし、その祈りの心が深くなるためには、生活そのものを絶えざる祈りにするという意向だけでは、ふじゅうぶんである。そのような祈りの望みや意向は、乾いた土地にまかれた水のようにすぐ消えてしまう。

もっと祈らなくてはと思う善意から、多忙な生活のなかで祈りの時間をとろうとすれば、生活はますます多忙になる。そのため焦りや不安が増す。そうなると、祈りたくても祈れないために心はすさんでくる。祈りと生活の悪循環がそこに生ずる。つまり、第二の祈りの形、「生活即祈り」という理論だけでは、祈りの喪失とそれに伴う生活の虚無感が増すばかりとなる。

第三の形では、生活および生活意識に鮮明な断層をつくることによって陰陽二面を生みだすことがその特色となる。流れる水をせき止めることによって、湖とそこから流れ落ちる滝とがはっきり区分けされるように、生活の流れをせきとめ、形ある祈りによって心の湖をつくり、そこから流れ落ちる流水は形なき祈り、すなわち電力に変化して生活のすみずみにまで広がる。

祈りが、ときに「行為としての祈り」と、「状態としての祈り」と区別されるのは、湖の水とダムから生ずる電力にたとえることができる。湖の水にあたるのが「行為としての祈り」であり、念祷行為または修行としての祈りに発展する。電力にたとえられるのが「状態としての祈り」で、念祷状態と言ってもよい。この状態が極致に達すると、それこそ「寝ても、覚めても主のもの、生きるも死ぬも主のため」（ロマ14・8）という絶えまなき祈りの状態になる。つまり、神との一体化が実現する神秘的状態に達する。アヴィラのテレジアが言うように、「マリアとマルタが一になる」のは、ここにおいてである。（『霊魂の城』第7の住居4章361ページ）。

この「神秘的」というのは、脱魂、恍惚《こうこつ》、聖痕《せいこん》などという異常な神秘現象を言うのではなく、「霊的婚姻」または「変容的一致」と言われる至高の霊的段階をさす。坐禅で言えば、身心脱落のための修行的坐禅から、脱落身心の仏行的坐禅となる。

ただ、ここで注意しなくてはならないのは、いったん水力が電力になったら、ダムがいらなくなるのではない、ということである。心のうちに、絶えず聖霊の発電がなされるためには、ダムの湖をいつも深く豊かに保っていなくてはならない。たとえ、ときには日照りのために水がなくなってきても、ダムの壁をこわしてはいけない。どのようなときも、生活の流れを「断つ祈り」を失ってはならない、坐禅も同じで、悟ったから坐禅はいらぬということにはならぬ。「悟後《ごご》の修行」、「修証一等」と言われるのも、このダムのたとえによって説明できる。悟りは、言わば、ダムによって電力が生じたようなものである。しかし、悟りが絶えず生活を生かすものとなるためには、湖をなくしてはならない。湖がなくなれば、たちまち電気もなくなるように、坐禅の修行なきところには、悟りはその力を失う。悟りは修行の卒業免状ではない。

修証一如こそ、悟りに染汚《ぜんな》されず、「休歇《きゅうけつ》なる悟迹《ごしゃく》を長々《ちょうちょう》出《しゅつ》たらしむ」（『正法《しょうぼう》眼蔵《げんぞう》』現成公按《げんじょうこうあん》）ことなのである。悟後の修行といっても、一段格上の修行というのではない。悟りと修行にあとさきをつけてはならぬことを道元は強調する。

まことに悟りとは、常にはじめに還《かえ》ることを知ることである。はじめはまだ始まってもいないことに驚くことである。「たどりきて、なお山麓」と言ったのはたしか囲碁の名人位についたときの石田氏のことばであった。自分はどのあたりまできたろうかと思いわずらい、今は中腹にたどりついたとか、山頂に達したとか思うのが、見性《けんしょう》好みの野狐禅《やこぜん》である。

「一途の修行をしているのに、サトリというひきかえがくるか、どうか、そんなことわかるもんか」（「興道ハダカ話」朝日新聞〝心のページ〟昭和38年5月12日）。

このゼロ視点に立たないかぎり、坐禅はいつまでたっても似而非《えせ》ものである。キリスト教の祈りにも終着点はない。そこには悟りに似た回心の体験が幾度もあるにしても、そのたびに祈りはますます必要に感じられてくる。祈りだけが生きる支えとなってくる。ダムの湖をつくる壁が高くなり、厚くなればなるほど、そこから生じる電力が大きくなるように、生活の断層をつくる祈りがたいせつである。

生活の流れを「断つ祈り」によってのみ、生活を「生かす祈り」が生みだされる。ここでの生活の祈りは、必ずしも射祷などの短い祈りを絶えまなくくり返すことでもなく、ロザリオや連祷を唱えながら仕事をするということでもない。

第三の祈りにおいては上述のような、まず第一に、はっきり二つの祈りの相を峻別《しゅんべつ》すること、すなわち有形の相と、無形の相の二つをつくることである。前者がダム、後者がダムから発する電気にたとえられる。この二つは切り離すことができない。さらに、ダムにあたる有形の祈りには、二つの要素がある。一つは、水をせき止めるダムの壁、もう一つは、その壁によってつくられる湖の水である。前者が生活の流れを断つ祈りの壁を象徴し、後者は祈りの形を表す。湖の水は、どの山からこようと、とにかくダムのせきがなければ湖にならない。祈りの水は仏教の祈り、それもアミダ山からであろうと、禅の丘からであろうと、あるいはキリスト教の祈りがロザリオ、または十字架の道行き、またはミサや「教会の祈り」からくるものであろうと、いずれにしても、生活の流れをせき止めるダムをつくらなければならない。ここには、すべての祈りに共通するゼロ視点がある。「断つ祈り」は、ゼロ視点に立つ祈りとでも言えよう。「祈りをする」ということさえ考えてはならない。生活の流れのなかに織りこまれる祈りではないからである。生活の流れを断つ祈りだからである。

よく祈ろうという欲も捨てた祈りである。よく祈れることはたいせつである。その願いをもつのはよい。しかし、まことによいものとは、回転の影なき天上の御父よりくるものであって、わたしたちの力によるものではない。神よりのたまものについては、決定的価値判断をすることではなくて、ありがたくいただくことを知ればよい。

したがって、祈りにおいて学ぶべきことの第一は、死ぬことである。自己のむなしさを真底まで自覚することである。無限であり、永遠である神の前に、あまりにもはかない自分の姿をありのままに見て、神のうちに死ぬことを学ぶ、それが祈りの底になくてはならない。たとえ、いっときの祈りでも、そこには、この死の体験が生きられなくてはならない。祈るときは生きることを考えてはならない。死んだと思えば、祈りをする、しなくてはならないという義務感もうせ、よく祈ろうという欲もなくなる。このときに祈りはまことの祈りになる。一滴の水ももれないダムの壁をつくる「断つ祈り」になるからである。この生活の流れを断つ壁をつくれば、おのずと空から降る雨、山から流れ落ちてくる水などさまざまな形の水でダムの湖はみたされてこよう。

これが第三の祈りの形の第二の要素である。これは宗教や霊性により、さらに個々人によっても異なる形をとってくる。祈りの根源にある祈りとは、さまざまの形、個別化された祈りのことではなく、生活の流れを「断つ」というすべての祈りに共通の一事にある。

生きながら死人となりはてて思いのままにするわざぞよき（無難禅師《ぶなんぜんじ》）

竹の節

「断つ祈り」ということを考えるときには、ダムの壁のほかに、さらに美しいイメージがある。竹の節である。

五月ともなれば、すくすくと青竹が伸び、さわやかな初夏の空をいろどってくれる。数か月にして何メートルも上に伸びる竹が、襲いかかる暴風にたたきつけられても折れないまでに強くなるのは、ほかならぬ、この節のおかげである。一定の間隔をおいて竹をマンヨコに切る節が、いくつもあるからである。タテに伸びる部分を生活の流れにたとえれば、ヨコにつく節は「断つ祈り」にあたる。ダムのたとえで電力になる祈りは、竹のタテに伸びる生活の祈りになる。このタテの祈りに対して、節をつくるヨコの祈りがダムの壁にあたる祈りである。

ここで、さらに竹の節のことを考えてみよう。

第一に節は、竹の幹にしっかり結びつき、帯のように外からも竹をひきしめている。これは、祈りが生活から遊離していてはならないことを意味する。祈りは、この地上の現実に根を下ろした神の種である。陸には咲かぬ蓮の花のように、祈りは沼地のような人生の惨めさのなかにその根を下ろし、花はその水に染まらず、空に向かって開く。

竹の節も、竹の幹としっかり結ばれながら、竹のなかに隠れて目に見えない神の棚《たな》をつくる。それに節は厚くはない。だが、薄くても、マンヨコに断っている。節の強さは、その厚さではなくその断ち方による。節はナナメであってはならない。

まして、竹の幹と同じようにタテになったら、節なし竹になってしまう。「生活即祈り」だけの直線論理が祈りの喪失につながると言ったのは、いわばこの節なし竹になることである。

断つときには、九十度に、マンヨコに断て、これが最もたいせつな祈りの原則である。たとえ五分であれ、三十分であれ、時間の長短にかかわりなく、生活の流れを思いきってマンヨコに断つことである。生活を祈りのなかにもちこまないことである。祈りとは死ぬことであると言ったのは、それを意味する。

もちろん、そのつもりになっても、生活の煩いが祈りのなかに入りこんでくることはある。あって当然である。人間が生きているかぎり頭の働きを止めることはできない。しかし、生活を祈りのなかにもちこむのと、生活の煩いが祈りのなかに入ってくるのとは別である。前者はわたしの意志的行為であり、後者は不可抗力である。

前者には罪があっても、後者にはない。気が散るというのは、後者にあたる。気が散ることは避けられない。そのとき、「散る」のは「気」であって、「わたし」ではない。気が散ることを気にすれば、気を散らすことになり、「散る」のは「気」ではなくて「わたし」になる。いけないのは、そのことである。「気が散る」ことに「気を散らして」いてはならないのである。気は散るものと思えば、気が散ることも気にならなくなる。平安である。

いつか三島の竜沢寺《りゅうたくじ》で、中川宗淵《なかがわそうえん》老師と話しあっていたときのことである。

「坐禅のとき、妄想《もうそう》や煩悩がわいてくるときは、どうしたらよいでしょうか」と尋ねると、老師は両手をひざの上に組んで、じっとしたまま目を閉じ、

「そんなものなんか、くるならこいと構えていればいい」

と言われた。

祈りのなかの雑念というのは、思いの内容自体が「雑」であると言うのではない。どんなよいものでも、無秩序に並べられれば、その光を失って「雑」なものになる。それに反し、どんなに悪いと見えるものも、その置き場所によって光ってくる。

祈りの外でもなかでも、人間の思いなどというものは素材的に大した違いはないことを知るべきである。

祈りのときには崇高な神の思いをもたなくてはならないとすれば、生活の煩いやくだらない悩みなど浮かんでくれば、「雑念」と思って払いのけねばと努力することになる。そして結果はますます雑念を増すことになり、心は疲れてしまい、祈りには自信をなくし、嫌悪感をおぼえるようになる。眠れないときに、眠ろう眠ろうと思って、ますます目が覚めるようなものである。雑念をなくすというこ

と自体、人間が生きているかぎりかなわぬ相談なのである。問題は雑念をなくすことではなく、雑念を方向づけることである。方向づけられた雑念は、もはや雑な思いではなくなる。

たとえば、祈りのうちにある人に対する恨みごとを思い出す。愛とはおよそ縁遠い憎しみは、雑念どころか、祈りにとって死毒である。しかし、そのとき愛せない自分の惨めさに涙し、愛する力を神に願うとすれば、この憎しみの死毒は、雑念どころか良薬に変わる。憎しみが、そのあるべき位置に置かれ、そこから神に方向づけられるからである（7「祈りの糧」参照）。

雑念は払いのけようとしてなくなるものではない。むしろ、それを取り入れて竹の節をつくることである。タテに流れる生活のなかのさまざまな思いを、「断つ祈り」によってヨコに流せば節になる。竹の節をつくっている素材も外側の竹の幹と同じものであるように、祈りのなかの節をつくるのは、生活のなかのさまざまな煩い、と素材的に大して異なるものではない。ただ「マンヨコに」という方向づけが与えられていることである。竹のなかに隠れた節のように、思いわずらいを神のなかに沈澱《ちんでん》させることを学ぶならば、すべての雑念は、神のうちに神に向かう正念と変ずる。雑念と言われるものはなくなってしまう。「断つ祈り」の力である。

　祈りにおいて最もたいせつなこと、しかも多忙な現代の生活であれば、困難であるだけにいっそう重要なのは、この生活の流れを「断つ」ことを知ることである。一日二十四時間では足りず、せめて二十五時間あってくれたなら、一時間は祈りにあてられるものをと言う人もある。自分をだましてはならない。自分にだまされてもいけない。仮に一日が二十五時間になれば、その人はまた「もし二十六時間になってくれたら……祈ろう」と言うにちがいない。問題は一日の時間の長短ではない。祈りの理解の根本的誤謬がそこにある。もし一日二十四時間を二十五時間、あるいは二十六時間にしたいならば、一日を逆に二十三時間、あるいは二十時間にすることである。断たれた一時間、または四時間の空白によってつくられた生活の節は、それこそ一日を三十時間、五十時間、百時間、いや無限時間の価値あるものにしてくれるであろう。もちろん、一年のうちに、ただ一日だけをそうすることで足りるのではない。竹の節が一つきりでは役にたたない。一定間隔をおいてついている節は、生活の日々を象徴すると言ってよい。しかも、竹の節は根元になるほど、ほとんどくっつきあうほど重なっている。もし、竹を一日の生活にたとえてみるなら、一日のはじめには短い間隔をおいたいくつもの節が重ねあわせられなくてはならないことを意味する。修道生活や、祈りの修行を始めるころも同じく、そのように、数多くの節を密着させなくてはならない。カトリックの修道生活の日課であれば、通常、ミサ、「教会の祈り」、念祷が大きな根本の三つの節となるはずである。その上の一定間隔の節は、食事や仕事の前後の祈り、お告げの祈り、ロザリオなどでそれをつくっていくことができる。

　ただこの場合、忘れてならないことは、祈りを生活のなかに織りこむというのではなく、まして活動と平行して祈るということではないということである。祈りの形やことばはさまざまであっても、そこを一貫している共通の性格は、生活の流れを断つということである。いくつ異なる竹の節がついていても、いずれ九十度にヨコに切るという性格は同じであることを念頭におかなくてはならない。これが、まず形ある祈りをつくる基本的態度である。

　ここから、次に形なき祈り「生活の祈り」が生みだされてくる。竹の節の目に見えない力が竹の幹に働きかけて、あらしがきても折れないじょうぶな竹になるのは、この「生活の祈り」のたとえになる。

しかしながら、節がたいせつとは言っても、節だけで竹ができているのではないように、人生には竹の幹にあたる日々の生活の営みがある。節が竹を強くするのに対し、ここではじょうぶな竹の幹が強い節をつくりだしてくれる。節がマンヨコについていても、腐っていたり、病んでいれば役にたたない。節と幹とはこうして互いに育てあい、支えあっている。

しっかりしたダムの壁をつくったあとには、水がたまって深い湖にならなくてはならない。この水を注いでくれるのは、生活の祈りである。日々の喜びや悲しみが天にあげられて雲になり、雨となって降り注げば湖の水となる。生活のなかに祈りが生きられていないときには、ダムの壁はできても、渇いた湖になってしまい、竹ならば腐った節、穴があいた節になってしまう。形だけのむなしい祈り、おきてと形だけのえせ信仰生活、虚偽の修道生活になってしまう。

祈りと生活、活動と観想とが一つのものになるためには、「有為」と「無為」、生活と、生活の流れを断つ祈りとの弁証法的止揚によって生みだされる第四の祈りの源となる第三の形の祈り、すなわち、ダムの湖にたとえられるものをもたなくてはならない。

活動と観想、祈りと生活を重ねあわせようとする祈りの論理——すなわち、水分にたとえられる第一、第二の形としての祈り——では、祈りの問題を根本的に解決することはできない。

人間が「心と体」という「二つにして一つのもの」をもつ地上的条件からして、形なき祈りと形ある祈りとの深い調和と一体性をつくりあげていくことこそ、祈りの工夫なのである。

時間と時刻—ともに祈る—

「時間」と「時刻」という二つの日本語は、それほど明瞭な区別の意識なく使われていることが多い、列車の「時間表」はまた「時刻表」とも言われる。「到着時間」というのは、厳密に言えば「到着時刻」のことであろう。「時間がきた」というのも同じく「時刻がきた」と言うべきであろうが、現代日本語としては「時間」のほうが、おそらくより日常的になっているのではなかろうか。漢字の意味からしてもすでに「時間」と「時刻」が異なることは言うまでもない。哲学的用語になって「空間と時間」と言うときには、「時間」を「時刻」に言いかえることはまったくできない。『存在と時間』というハイデッガーの名著に付せられた題についても同じことが言われる。「時間」は「時のあいだ」、すなわち一つの時刻と次の時刻のあいだを流れる時のことである。「時の流れ」を意味する。「線としての時」のことである。それに対し「時刻」は、時の流れを刻む「点としての時」を言う。だがいったい、「時」というものに「流れ」があるか、どうか。「流れ」、または線としての「時」、すなわち「時間」とは何か？ 常識的には、そのような問題意識ももたないで、わたしたちは生きているが、実際には人間知性を越えた深い哲学的秘義がそこにある。過去あり、現在あり、未来があることを、わたしたちは疑ってみることもない。しかし、過去という時間はすでになく、未来という時間はまだきていない。あるのは「現在」という時間だけである。しかし、厳密な意味での現在というのは何か。「今」という一刹那《せつな》のことではないか。しかし、この「刹那の今」というのは、どのような迅速な思考の指をもってしても、とらえることができない。「今」という瞬間に、「今」はすでに過ぎ去っている。しかも「現在」という時もなかったら、時間というものは存在しないことになる。これもまた矛盾である。とすれば、点としての時である「時刻」というものも、厳密な意味では仮説的なものでしかなくなる。アウグスチヌスが『告白録』において、長くこの「時間」の不思議にふれながら、次のように言っている。時間については、「人がわたしに尋ねなければ、わたしはそれを知っている。しかし人がそれを尋ねれば、わたしは知らない」（アウグスチヌス『告白録』第11巻第14章）。

仏教でも、過去心、現在心、未来心の三心は不可得であると言う。時間の空性（śūnyatā）を説明しようとするものであろうが、いずれも時間の不可思議のまえにたじろぐ人間知性の限界をそこに見る。

ここでは、このような時間の哲学的、形而上学的分析をするつもりはないが、祈りの「身体性」ということを考えるときには、「時間と空間」の問題が本質的要因となるために、その問題の背景にある「時間の神秘」について一言ふれておいたまでである。事実祈りが人間の全存在、すなわち身も心もあげての神とのかかわりあいであり、人間は時間と空間のうちにあり、神は時空を超えた存在であると言うならば、祈りほど、「時間と空間」、「存在と時間」の思惟《しい》を絶した深奥にわけいるものはない。祈りのときには、言わば、人は時間にあって時間を超え、空間を離れずして空間を超える。つまり、この世にあって、この世のものではなくなる。どのような形でも、まことの祈りには、この世に死に、この世によみがえるキリストの復活秘義がかいま見られる。

とすれば、「時間」と「空間」、「時」と「ところ」が、祈りのうちにいかに生かされるかということは、祈りにとって大きな問題である。

そこで、「時間」と「時刻」というテーマにかえることにしよう。この二つは切り離せないものであると同時に、また区別されるものであるならば、この二つをどのように祈りのうちに生かしていくかには、当然二つの形がでてくる。

一つは、「時間」すなわち「線としての時」に重点をおく祈りである。他は、「時刻」すなわち「点としての時」を生かすことに基軸をおく形である。

前者の典型として、無名の順礼者の祈りや、ロザリオ、称名念仏《しょうみょうねんぶつ》、道元の「只管打坐」がある。中世における修道者の祈りも、「時間」を最大限に生かす祈りであった。教会で現在も唱えられる「聖務日課」または「教会の祈り」と言われるものは、この中世の伝統をうけつぎ、朝課、賛歌、三つの小時課、晩課、終課として一日を七つの祈りの「時刻」に割り当てた「時の祈り（Liturgia Horarum）」である。

今までの一日四、五時間にわたる長い聖務日祷に慣らされてきた司祭、修道者にとっては、新改訂の「教会の祈り」は、その内容の豊かさや形式の新鮮さに加えて、量的に手ごろなものになったことは、まことに喜ばしいことである。「祈りは長ければ長いほどよい。長い祈りは、質的に深い祈りとなる物理的条件だからである」という祈りの身体性の価値は価値としても、一日の生活の限られた時間のなかに配分される祈りとしては、量が質をなくさせてしまうほどの重荷になってもいけない。従来の「聖務日祷（Officium Divinum）」、今の「教会の祈り」の構成は、いずれも「時刻」と「時間」とをともに生かしていこうとする祈りの形式であるという意味では、「時の祈り」として完全なものと言えよう。以前には、「短縮祈祷（Breviarum）」[1]と言われたものが、「教会の祈り」の正式名称「時の祈り」、直訳すれば「時間典礼（Liturgia Horarum）」とよばれることも、そのことを意味している。

だが、広い完全な意味での「教会の祈り」は、聖書の黙想としてのみことばの祭儀を含むミサを中心にして、この、「時の祈り（Liturgia Horarum）」が織りこまれ、それに個々人の血となり肉となる祈りとしての「黙想」または「念祷」がある。これが、カトリック教会の祈りの三つの柱であると言えよう。と言うよりは、一つの柱、ミサ聖祭を中軸とする祈りの二つのえだである。しかし、ここには、「時刻」をなくすまでに「時間」を徹底的に生かす祈りが含まれていないと同時に、逆に「時刻」に基軸をおいて、「時間」を最小限に短縮していくという祈りの形式も考えられていない。前者には、「ロザリオの祈り」とか「射祷」や、それに類した小さい祈りのくり返し「神の現存の修行」、さきにあげた無名の順礼者の祈りなどがあった。仏教では称名念仏や坐禅がそれにあたることは、まえにも述べた。「断つ祈り」という意味では、後者の「時刻」を生かすということに通ずる。この「断つ祈り」というのは、「ダムの湖」や「竹の節」のたとえをかりて話した祈りのことである。「時間の祈り」ではなく、「時刻の祈り」である。

この「時刻の祈り」として、教会のなかに長い伝統をもつものには「お告げの祈り」がある。この祈りは「時間」よりも「時刻」によって生かされている。ミレーの名画『晩鐘』は、この祈りの生きた姿を美しく描きだしている。現代ではお告げの鐘をきくこともほとんどできなくなり、不幸にしてそれを唱えることすらもなくなりつつある。お告げの祈りのことばはきわめて短く、しかも、キリストとマリアの秘義をみごとに要約している。その点、復活節中の「アレルヤの祈り」よりもすぐれている。司祭、修道者だけでなく、すべての信者が「時の祈り」としての「教会の祈り」を唱えるよう勧められているが、この祈りのほかに「時刻」を生かす祈りが工夫されるならば、さらに広く、完全な意味での「教会の祈り」ができあがるであろう。現代の「時の祈り」としての「教会の祈り」に重複するものでなく、また、単なる超ミニ版の聖務日祷というのでもなく、発想の基準を根本的に異にする祈りとしての「時刻の祈り」が望ましいのはそのためである。「時刻」としての「時の祈り」は、時間的負担にならない。きわめて短縮された祈り、それも電車のなか、仕事のちょっとした合間、歩いているときでも唱えられるように、だれでもがやさしく暗唱できる単純なことばによる祈りでなくてはならない。短くすることを目的とするのではなく、どこにあっても時刻を守って祈ることができるように、覚えやすくするためである。その祈りの唯一の絶対的条件は、最大限に「時刻を守る」ということである。そのために祈りの形やことばを工夫しなくてはならない。だれにもでき、いつ、どこでもできるし、しなくてはならない祈りをつくることである。これが祈りの基礎として与えられたうえで、他の祈りを上積みしていくならば、全体がそれなりに生きた一貫性をもつ祈りとなる。つまり「竹の節」になる祈りを工夫すれば、竹の幹はおのずと、それによって強くなるということである。

しかも、この「時刻の祈り」は、祈りの共同体意識を生みだすのにきわめて適切である。同じことばで、時を同じくして祈る。これは「時の祈り」としての「教会の祈り」の基本的特色であるが、この特色を「時刻」としての時間を生かすことによって、いっそう強化することになる。というのは「教会の祈り」は、どこでも、だれでもが唱えることがむつかしいのに対し、この「時刻の祈り」は短く、暗唱しやすいために、雨のなか、かさをさして歩きながらでも、掃除や、さら洗いのあいだにも、学校や会社の休憩時間にでも唱えられる。そうすれば、ところを異にしながらも、みなが時を同じくして祈ることにより、「祈りの友」としての、キリストの一体性を生きていくことができる。このような意味での「時の祈り」には、キリスト信者でも、そうでもなくても、だれしもが祈れる「人類の祈り」

としてのことばをつくりだすのが理想的である。人間のあるべき窮極の姿は、結局、祈る、それもともに祈るところにしか実現しえないからである。ことに、キリスト者としての祈りにおいては。

注

(1) ラテン語で「brevis」というのは「短い」、「短縮された」という意味で、「breviarum」は「縮刷版」を意味する。改訂以前の今よりはるかに長かった「聖務日祷」ですら、中世のさらに長い祈りの「縮刷版」と言われたことに由来するのである。ここ十年来、さらに何回にもわたって縮小され、現在の「教会の祈り」の決定版がつくられてきたわけであるが、祈りの時間の問題が、ここにも時代の変化を物語っているのを見て、思い半ばにすぎるものがある。

11　カミサマ　ゴメンネ　―断たれた祈り―

いつのころだったか、毎日新聞の「にじ」という読者欄に「カミサマ、ゴメンネ」という見出しで、次のような投稿があった。

「四歳になるめいが訪ねてきてくれた。男の子ばかりのわたしの家では、女の子がきてくれて、急に一輪の花が咲いたように楽しい日だった。近くに公園があるので、わたしはめいの手をとって、そこに遊びにいった。

……ひとしきり遊んだめいと、さあ帰りましょうと手をつなぎ、公園の広場を横切ろうとしたら、すみにお地蔵さんがまつってあった。めいはそれに目をとめて、拝んでいくと言う。とびらが閉まっていたので、そのまま通り過ぎようとした自分が恥ずかしくなった。めいは、その小さな手でとびらをあけ、両手を合わせて何やら一心に拝んでいる。わたしもいっしょに手を合わせた。〝なんと言って拝んだの？〟ときいてみると、色の白い、つぶらなひとみのめいは、〝カミサマ、ナニモ、モッテコナクテ、ゴメンネ〟と言ったんだと言う。わたしは一瞬心を打たれた。神や仏に〝こうしてください、ああしてください〟と言って、求めることばかり考えるわたしである。お地蔵さんにおみかん一つももってこなくてごめんねと言う幼子の心に、〝いい子にしてください〟と言って頼みなさいなどと、いらぬことを言わないでよかった。もしそんなことを言ったとしたら、こんな清らかな童心にふれることができなかったと、思わずその手を握りしめた」（松本幾子）。

幼児の尊い宗教性とでもいうのだろうか。誇張しすぎてはいけないだろうが、それにしても「幼子のようにならなければ天の国に入れない」（マタイ18・3）と言われる幼児の清らかな心は、いつのまにか忘れ去られた純粋な祈りを大人の心に呼びさましてくれる話である。

事実、これまで「断つ祈り」ということについて一貫して話してきたが、それはただ単に、生活の流れを断って、「祈りのとき」、「水の祈り」をつくるというだけを意味するものではない。「断つ」とは「断たれた自己」の認識に立つということでもある。いや、それこそが「断つ祈り」の根底になくてはならない。「すべて」である神の前に立つ素手の自分、「ナニモ、モッテコナクテ、ゴメンネ」

という」「無（Nada）」の自覚が、生活の営みを断つ自己決断を可能にする。

多忙な生活に追われ、それなりに人のため、自分のために役だつ仕事をしていると思っているときには、人生のむなしさ、自己の惨めさに気づくことはまれである。むしろ、優越感や劣等感の錯綜《さくそう》した競争心、支配欲、他人の批判や、自己防衛の意識にみたされて、自我の暗い穴倉に閉じこめられ、堂々巡りしている哀れな自分に気づかないで、阿鼻叫喚《あびきょうかん》の日々に終わる。

「みんなは、特急列車に乗りこむけど、いまではもう、なにをさがしているのか、わからなくなっている。だからみんなは、そわそわしたり、どうどうめぐりなんかしてるんだよ……」（サンテグジュペリ著　内藤　濯訳『星の王子さま』岩波書店　107ページ）というのは、地球にやってきた星の王子さまの辛らつな皮肉である。

また『人間失格』のなかで太宰治は言う。

「今は、自分には幸福も不幸もありません。ただ、いっさいは過ぎていきます。自分が今まで阿鼻叫喚で生きてきた、いわゆる人間の世界において、たった一つの真理らしく思われたのは、それだけでした。ただ、いっさいは過ぎてゆきます」（文藝春秋社　現代日本文学館36　193ページ）。

生活の流れを「断つ祈り」とは、すべてが過ぎ去っていくという無常の真実を裏返した形で、なま身をもって体認しようとする祈りである。生活の流れを「断つ」とは、生活のむなしさを知るゆえの生活からの果断な訣別《けつべつ》であり、人間のまことの価値が生活の営みにないことを自認自証することだからである。作家、永井龍男は『つめたい手』という朝日新聞に寄せた小文を次のように結んでいる。

「先日、四、五人で卓を囲んでいたとき、わたしよりも五つばかり若い友人が、何かのおりに突然言いだした。〝五十五にもなって、どうしても自信がつかめない。恥ずかしいことだ〟しっかりした仕事を幾つかしている人が吐き出すように述懐したので、わたしは総毛立つ思いをした。氷のような手で、ひた隠しにしているわたしの急所に触れられるようなものであった。」

人間だれしもが心の奥深く隠している、いやしがたいうずきである。「五十にして天命を知る」（論語為政第2）という自信は、中国の聖者だけなのかもしれない。りっぱな仕事をいつもしながら、なお自信がつかめないというのは、いったい何についての自信がないと言うのであろうか。仕事のことではもちろんない。りっぱな仕事を幾つもしてきた人であるというのであるから。とすれば、生きることに、否、さらに存在すること、さらにつきつめれば、今、ここに、こうしてあることに安住できないということなのだろう。

人間はいずれも例外なく、草花のように枯れしぼむ（イザヤ40・6〜8。詩90・3〜6、9、10。ペトロ前1・24）。「行く川のながれは絶えずして、しかももとの水にあらず。よどみにうかぶうたかたは、かつ消えかつ結びて、久しくとまる事なし」（鴨長明『方丈記』）。人間はあってもなくてもよいもの、ただ余分なものとしか思われない。このような人間が、また、その人間のする働きが、いったいどこに価値があり、意味があるのだろうか。

この人間の虚無の深淵を見つめることを恐れて、神やキリストの復活に急いで逃げ道を見いだそうとしてはならない。復活の栄光は、神に捨てられた絶望の苦悩なしにはありえなかった。人間は、自らの真底までのむなしさを真正面から受け止め、それを凝視することを知らねばならぬ。苦痛であれ、真実を受け止めることだけが人間の救いだからである。

人間の実存にしみとおる、この虚無の体現が「断つ祈り」の本質にほかならない。生活の営み、自らの行為に自信をもとうとするあやまりを悟らせるのが「断つ祈り」である。自己の無意味を体験する自己断絶の姿勢である。救いなき自己の廃虚に立って、神のみを待つ祈りである。この死の暗黒なくして、まことの神との出会いである観想はありえない。何をするにしても、しなくとも、すべて同じく虚無に帰する人間であることを、生きながらに身をもって知るのが「断つ祈り」である。いっさいより断たれた存在であることを、神の前に何もささげるもののない自分をさらすこと、「カミサマ　ゴメンネ　ナニモ　モッテコナクテ」、この「断たれた祈り」を生きる祈りが「断つ祈り」なのである。

「断つ祈り」には、したがって、この「断たれた祈り」、「断たれた心」が、その底になくてはならない。「断つ」という自己決断に基づく祈り一徹の修行すらもまた、「断たれたもの」、それ自体は無価値なものであることを知らねばならぬ。自らを断たなければ、まことに断つとは言えないからである。終日徹して坐禅したところでなんになる……絶えまなくロザリオを唱えることが、いったいなんの役にたつか。ナンニモナラヌ。このことを知ってなされる只管打坐であり、ロザリオの祈りであってこそ、人間のすることではなく、仏行としての坐になり、神の営みとしての祈りになりうる。

唯仏与仏《ゆいぶつよぶつ》、仏のみが仏を与えうるということは、神のみが神を与えるというのと同義である。人間は自らの力で神を得ることも、神となり仏となることもできない。人間のなしうることは、ただ「神を待つ」ということである。しかも、その「待つ心」さえ、神よりのものである。まことに祈りとは、その神から与えられた神を待つ心にほかならない。神以外のいっさいのものを忘れはてて、神のみを待つ赤貧の魂を神は顧みられる。

あなたは　いけにえを望まれず
はんさいをささげても喜ばれない
神よ、わたしのささげものは砕かれた心
あなたは悔い改める心を見すてられない
（詩編51・18、19）

神に栄光を帰するのは、神殿の前に傲然《ごうぜん》と立つファリサイ人のささげものでもなく、律法を完全に守る生活でもない。神殿から遠く離れ、目を天にあげることさえなしえず、ただ胸を打ちながら「ああ、罪人であるわたしをあわれんでください」と祈る徴税人こそが、神の義といつくしみを知る人なのである（ルカ18・9〜14）。

まえに述べてきた「断つ祈り」は、いわば、この「断たれた祈り」とも言うべき罪業深重《じんじゅう》の痛悔と表裏一体のものでなくてはならない。生活の流れを断って沈黙と孤独のうちに住すれば、罪犯弥天《ざいぼんみてん》の自己の惨めさに忸怩《じくじ》たるものがなければならない。

夜深く人静かなるとき　独座して心を観ずれば
始めて妄《もう》きわまり　真独り露《あら》わるるを覚ゆ
毎《つね》に、この中において大機趣を得
既にして真現じて　妄逃れがたきを覚ゆれば
また、この中において大慚忸《だいざんじく》を得ん

（『菜根譚《さいこんたん》』9）

静寂の観想は、自らを高しとすることではない。目を覆う自らの惨めさを、あらわに直視して、大慚愧《ざんき》の念にみたされることである。ゆるされがたき罪のゆるされんことを願い、救われがたきおのれに神のいつくしみを祈る「断たれた祈り」は、「断つ祈り」によって、そのせきを切ったように、断《た》えまなき不断の祈りとなる。これを「断一徹・不断の祈り」とも言うべきか。

12　月のうさぎ

「カミサマ、ゴメンネ」という文を目にしたとき、頭に浮かんできたのは「月のうさぎ」というおとぎ話である。アポロの月面車が走りまわる今となっては、月にうさぎがいるというような話は、子どもでもまじめに考えなくなってしまったが、満月の面に浮かぶ黒い影は、うさぎがお餅をついている姿であると言い伝えられてきたことは、日本人にとって昔なつかしい話である。外国ではまたそれぞれに、この月影に想像を寄せ、女の人が本を読んでいると言うところもあるという。いずれも作り話とは言え、昔の人には、自然を見る目に夢があったのかもしれない。

それにしても、「月のうさぎ」という話がここで思い出されてきたのは、良寛の文からであった。二つのテキストがある。一つは長い書き出しに始まって、「み仏の生《あ》れます国のあきかたのそのいにしへのことなりき」とあるから、インドの話とされており、もう一つは、「いそのかみふりにしみ代にありといふ」きわめて簡潔な切り出しで、日本の神代のことになっている。その他二、三の相違があるが、内容のおおかたは次のようである。

むかし、むかし、「猿《まし》と兎《をさぎ》と狐《きつに》」とがたいへん仲よく暮らしていた。昼間は野山を駆けめぐり、夕方にはいっしょに林に帰る毎日の生活のうちに、幾年かが過ぎた。このことを天の帝《みかど》が耳にして、ほんとうなのかどうか見てこようとおぼしめし、旅人（別本、翁《おきな》すなわち老人）の姿をとって、彼らのもとにやってきた。「山行き野行き、艱《なず》みゆき」、すっかり疲れきって何か食物をくれるものはいないかと、つえを投げだして休んでいると、猿はさっそく木の実を拾ってもってきてくれた。狐は川の梁《やな》から魚《いを》をくわえてきてくれた。ところが、兎は野原をとびまわって探しまわったが、何も見つからないで帰ってきた。そこで猿と狐は、おまえはなんとたよりない（心もとなし）やつだと兎をののしった。

兎はすっかりしょげかえってしまって、考えたあげく、猿に柴《しば》を折ってきてくれと言い、狐にはその柴に火をつけてくれと願った。猿と狐が言われたとおりにすると、兎はその火のなかに身を投げて、わたしを食べてくださいと旅人の贄《にえ》（いけにえ）とした。旅人はこれを見て、七転八倒死ぬばかり心を痛め、天を仰いでよよと泣き、地面をたたいて言った。三人の友はどれもりっぱで勝り劣りはないけれども、兎のいとしさは格別だ。そこで兎をもとの姿にして、そのなきがらをかかえて天に上り、月の宮居に葬った。

今の世まで語りつがれた「月のうさぎ」という話は、このようなしだいであったということだが、その話を聞くだけで涙が出て、衣のそでの裏までしみとおるわい。

以上のような話に、第二のテキストは次の歌を添えている。

あたら身を翁がにへとなしけりな今のうつつにきくがともしさ
（良寛「月の兎をよめる」）

童心無垢《むく》の良寛の文らしく、架空の世界と現実とを混同しているとはいうものの、おとぎ話にこめられた人間の夢は、現実に見ることがまれであるだけに、痛ましいまでに美しくもある。

「カミサマ、ナニモ、モッテコナクテ、ゴメンネ」という少女の心は、まさしくこの月のうさぎであったのだろう。どのような形にせよ、まことの祈りのいきつくところは、そこにあるのではなかろうか。

何をささげても、神の前にはすべてが無に等しい。しかも、すべてよきものと、すべての完全なものは、回転の影なき天の御父から来るのであって（ヤコブ１・17）、わたしがささげるものでも、与えるものでもない。

「わたしがとがめるのは、あなたのいけにえのためではない。あなたの供え物は常にわたしの前にある」（詩編50・8）と、神は言われる。「林の獣も山の獣もみなわたしのもの、空の鳥も野にうごめくものもみなわたしのもの……この世をみたすものは、すべてわたしのものである」（同10〜13）。神に栄光を帰するのは、わたしたちのささげたものではなくて、「賞賛のいけにえ」と「苦しいときに神を呼ぶ」ことである（同上）。神への信頼と神への賛美こそが、神の望まれることであり、「砕かれた魂が神へのまことのいけにえ」（詩編51・19）となる。

何をささげるにしても、人間のなしうることは、しょせん空高く投げられて地に帰ってくる石のようなものでしかない。石はいくら遠く、高く飛んでも、地に落ちてくる。歴史に輝く、かずかずの偉大な人間の功績も、名声も、人類の終末、地球の滅亡をまつまでもなく、あとかたもなく消えうせていくことであろう。「天地は過ぎ去る。しかし、わたしのことばは過ぎ去らない」（マタイ24・35）。

だが、天地万物が消滅したあとになお、永遠に残る「わたしのことば」とは何か。「わたしを信じる人は、死んでも生きる。生きて、わたしを信じる人は永遠に死なない」（ヨハネ11・26）という「わたし」とは、いったいだれか。そのなぞの「わたし」を信じることが、死に勝つ力を与えるというのは、さらに何を意味するのだろうか。この三つのものをつなぎとめることばを見つけることは、むつかしい。ともあれ、祈りとは、このなぞの「わたし」に信頼し、その「ことば」を守ることによって、永遠に生きる力を神のうちに見いだすものであると言うことはできる。

「あなたは、いけにえも供え物も望まれず、ただ、わたしに体を与えられた」（ヘブライ10・5。詩編40・7参照）。ここに「わたしに体を与えられた」とあるギリシャ語七十人訳のことば、ヘブライ語詩編では「耳たぶに穴をあけられた」と書かれている。肉体をとってこの世に来られたキリストは、耳たぶに穴をあけられた奴隷のように、「御父のみ旨を果たし、その業をなし遂げること」だけが、その食物であった。「そこで、わたしは、巻物に書きしるしてあるとおり、神よ、わたしはみ旨を行うために来ると言った」（ヘブライ10・7。詩編40・8・9）。「このみ旨によって、ただ一度で永久にささげられたイエス・キリストの御体のささげものによって、わたしたちは聖とされた」（ヘブライ10・10）のである。

この受肉と受難の秘義が、キリスト者の祈りを結ぶ「アーメン」となる。「神の子イエス・キリストは〝はい〟でもあり、〝いいえ〟でもあるかたではなく、かれには〝はい〟だけがある。神の約束は、すべてかれにおいて〝はい〟となった。そのためにわたしたちは、かれによって光栄を帰するために、〝アーメン〟と言う」（コリント後1・19、20）。

月のうさぎをキリストになぞらえるには、あまりにも距離があるかもしれない。しかし、はるかに遠い東洋の古人が夢に描いた、かなわぬ人間の願いが、神の現実となったことを、そこに見ることは、すべての人間のうちに、「キリストとともに神のなかに隠された命」（コロサイ3・3）の息づきがあるからではなかろうか。

お地蔵さまに「カミサマ、ナンニモ、モッテコナクテ、ゴメンネ」と一心に手を合わせて祈る、東洋の孤島に生まれた一少女の心の底には、月のうさぎのように自らの体をいけにえとしてささげることしかできなかった貧しい神、キリストの命が秘められていたのではなかろうか。

わたし自身がキリスト者であるがゆえの、自分の田に水を引く解釈は避けなければならないとしても、人間の貧しさを知る真実の祈りには、このキリストにおける、神の極限の貧しさをとおして現れる神の無限の富を包んでいるにちがいない。そうでなければ、少女のことばに、大人が「一瞬胸を打たれる」ことはないであろうし、架空の物語と知りながら、「聞くわれさへに白妙の衣の袖《そで》は徹《とほ》りて濡《ぬ》れぬ」、「今のうつつにきくがともしさ」という良寛の涙は、ありえなかったであろう。

13　み旨ならば

「み旨ならば、修道会に入りたい」、「み旨なら、そうなるでしょう」、「み旨がわかるように祈りなさい」……これに類したことばをキリスト信者のあいだで、しばしば耳にする。

これは、たしかに神学的に正しい祈り方である。み旨だけを望むのがキリストの生き方であったし（ヨハネ4・34）、キリスト者の祈りは「み旨が行われんことを」願いつづけなくてはならないからである。死の前夜、ゲッセマネの園でのキリストの祈りもそうであった。「父よ、み旨ならば、この杯をわたしから遠ざけてください。しかし、わたしの意のままにではなく、あなたのみ旨のままに」（ルカ22・42。マタイ26・39[1]）。

わたしたちの祈りは、このようにキリストにならって「み旨ならば……」と祈るべきであるという説明には、どこか祈りのしんと言うべきものが欠けているように思えてならない。もちろん、それはキリストのことではない。わたしたちが祈るときのことである。キリストの祈りとキリスト者であるわたしたちの祈りとを混同してはならない。いずれの場合でも、キリストがキリスト者の模範であるというときには、哲学で言う類比（analogia）ということを考えなくてはならない。類比とは、「相似性と相異性の共存」を言う。しかも、キリストとキリスト者との相似性と相異性との緊張関係は、類比の極限と言ってよいものがある。

　キリストもわたしたちも神の子であるというときの相似性は、ほとんど同一性と言わねばならぬほどの近似値をもっている。神学で言う「実子であるキリストと養子であるキリスト者」の区別には、多くのただし書きがつけられなければならないのはそのためである。他方、神であるキリストと罪びとのわたしたちとのあいだには、なんぴとも超えがたい無限の距離と深淵がある。この無限の差異と驚くほどの近似性という両極性のうちに、キリストの祈りとわたしたちの祈りとの相違と相似を見定めなくてはならない。すなわち、「み旨ならば」「み旨のままに」というゲッセマネにおけるキリストの祈りは、わたしたちの祈りの模範としてよりも、キリストの理解を絶した秘義をそこに見なくてはならない。本来神であるものが、どうして「み旨ならば、この杯を遠ざけてください」と言いえたのか。この秘義は、十字架上の死の苦悩においてその絶頂に達する。「わたしの神、わたしの神、どうしてわたしを見捨てられたのか」（マタイ27・46。マルコ15・34）。これは絶望のことばではなく、信頼のあらわれであるとか、詩編22・2の預言の成就であるとか、その他さまざまの説明が、このことばについてなされている。しかし、これは説明されるべきことばではない。説明するのではなく、受け取るべきものである。沈黙のうちに、十字架の下に立っておられたマリア（ヨハネ19・25）とともに、キリストの死の秘義として受け取り、またそれに、わたしたちの死と生のすべてが受け取られている救いの秘義を、そこに見つめるべきものである。神学は、知性過剰になってはならない。秘義の前には沈黙することを知らねばならない。「み旨ならば」、「み旨のままに」というゲッセマネのキリストの祈りも、この測り知れない受肉と受難の秘義に包まれている。わたしたちのまねるべき祈りの模範をそこに見るというのは、敬けんとはいえ、この秘義を前にしてあまりにも浅薄な解釈でしかない。

とすれば、わたしたちはどのように祈るべきなのであろうか。「み旨ならば」と祈ってはいけないのだろうか。

祈りは、言うまでもなく、神の意志や望みに逆らうことでもなく、それを変更させようとすることでもない。祈りは、神の望みを望みとする願いであり、祈りによって変えられるのは、神ではなくてわたしたち自身である（「2　祈りの逆説」）。それにまた、み旨でなければ、すずめ一羽、髪の毛一すじさえ落ちない（マタイ10・29、30）。

そのように、わたしたちがみ旨しか望まず、またみ旨しか実現しえないというのなら、「み旨ならば」とつけ加えることは蛇足《だそく》ではなかろうか。しかし、人はさらに言うかもしれない。「み旨はわたしたちにとって未知である。だから〝み旨ならば〟と祈るのが正しい」と。このもっともらしい理由も理由にはならない。わからぬことは、わからぬままでよい。いや、そうしておかなくてはならない。未知の神域に足を踏み入れようとすることは、まちがいである。「み旨ならば」と言うのは、そこに足を踏み入れることではないかもしれないが、未知のみ旨を打診していることにおいては、神域のしきいに足をのせていることである。

「神が知りたもう」ということだけで、なぜみたされないのか。わからなければ、願ったらよい、たたいたらよい。かなえられなかったら、それでよい。神はわたしたちにとって何が必要であるかを、わたしたち以上に知っておられる。そのことを信じていれば、祈りがかなえられなかったことも素直に受け止められる。それに、祈りがかなえられなかったからといって、願ったこと、たたいたことがまちがっていたわけではない。それがみ旨に反したことを願ったというのでもない。

祈ること自体が悪いことではなく、よいことであっても、ききいれられないときがある。病床にある愛する子どもの命を救ってくださいと必死に祈る母の願いもむなしく、その子は天国に引き取られることはある。医師がもう数時間の命であると言っても、母はあきらめきれず、奇跡をもとめ、最後まで祈りつづける。もし、その母が「み旨ならば助けてください」と祈らなければ、不信仰な人間ということになるだろうか。「み旨でなければ、どうぞこの子の命を取り上げてください」と祈ることが正しい祈りなのだろうか。わたしは、そうは思わない。「助けてください！」ただその一事だけしか祈れない母の心こそ、まことの祈りであるにちがいない。神はそのとき、み旨に反することを祈る母をとがめられるだろうか。そうではない。神が望んでおられるのは、かなわぬことと知りながら願いつづけ、祈りつづける神への信頼に燃えつきることである。それが、そのとき神のみ旨である。母の必死の願いがかなえられず、その子が死ぬことは、ゲッセマネのキリストの祈りの苦悩が隠されている。祈りは、み旨を先取りすることではない。たしかに、与えるためにまず望ませることが、祈りにおける通常の神の働きである。これによって、人は神に引き寄せられる。しかし、望ませながら与えない神の意志には、十字架の秘義が包まれている。

祈りは、雑草のように何度踏みつけられても頭をもたげる不死身の願いが神に向けられるのではなく、貧しい人間の嘆きであり、訴えである。どろに根をおろして花を咲かす蓮《はす》のように、キリストの祈りは、貧しいもの、小さいもの、しいたげられたものの苦しみのなかに、その根をおろしている。

神よ、わたしの祈りに耳を傾け
わたしの祈りから身を隠されるな
わたしにみ心をとめ、答えられよ
わたしは嘆きつつさまよう
……………………

わたしは神に呼びかけ
主は、わたしを救われる
日暮れにも、朝にも、昼にも、わたしが
嘆いて吐息をつけば
主はわたしの声を聞かれる
（詩編55・2、3、17、18）

主よ、わたしは
あなたに向かって叫ぶ
わたしの岩よ、耳をふさがれるな
わたしに対して黙っておられるなら
わたしは穴に落ちる者となる
わたしの祈りの声をきかれよ
（詩編28・1、2）

主よ、わたしは深淵よりあなたに叫ぶ
主よ、わたしの声をきき
わたしの祈りの声に耳を傾けられよ
（詩編130・1、2）

「断つ祈り」というより「断たれた祈り」、絶望の淵より叫びつづける人間の「断《た》えまなき祈り」、瞑想《めいそう》や観想の高みとはおよそ縁遠い、ただ願うだけ、苦しみを訴えるだけしか知らぬ貧しい人の祈りがそこにある。生まれたばかり、目もさだかに見えぬ小犬たちが体をすりあわせ、重ねあわせて、母犬の乳房を求めるのにも似ている。「谷川の水を慕う鹿《しか》のように」（詩編42・1）、「かれた、渇いた土のように」（詩編63・2）と詩編作者は言う。

ひたぶるに神の救いを願い、神に信頼する祈りに、「み旨ならば」というようなゆとりはない。「み旨ならば、主よ、わたしの祈りをききいれられよ」などという詩編の祈りはどこにもない。「み旨ならば」と祈るのが、神学的には正しいかもしれない。しかし、それは神学であって、祈りではない。願うがよい。たたかねばならぬ。血が出るまで、たたかねばならぬ。与えたくなくても、うるさいもののやっかい払いに神が出てこられるまで、たたきつづけなければならない（ルカ11・5〜13）。

「祈るときには、すでにかなえられたものと信ぜよ。そうすれば、そのとおりになる」（マルコ11・24）、「この山に海に入れと言えば入る」（マタイ21・21）というキリストの信仰に生かされた祈りのどこに、「み旨ならば」というような弱気が見られるだろうか。「あなたが望まれれば、わたしは清くなる」（マタイ8・1〜3）のであり、「あなたのひと言だけで、わたしのしもべはいやされる」（マタイ8・8）という確信のないところには、天を貫くまことの祈りはありえない。

祈りがかなえられなかったときを見越して、自分には逃げ口、神には非常口になるような、「み旨ならば」という条件づきの祈りなどは、祈りのいの字にもあたらない。

事実、窮極的には、神以外に神のみ旨を知ることができるものは、だれもいない。わたしたちにとってたいせつなのは、み旨を憶測することではなく、み旨に信頼することである。摂理を予知しようとすることではなく、常に摂理の愛を信ずることである。人生における多くのできごとのうちには、神が愛であるとは信じられないほどの悲運もある。しかし、そのときこそ、信仰は暗黒の深さに比例して、より確かなものとなる。

「見ずして信ずることの幸い」（ヨハネ20・29）は、祈りの本質でもある。わたしにとって最もよいものを神のみが知っておられる。そのことを知るだけでよい。否、それを信ずることこそ、救いの盾、救いの岩となる。「与えたもうも主、奪いたもうも主」（ヨブ1・21）であることを信ずる祈りには、「み旨ならば」という神学者のもったいぶった護身の盾は無用である。自己を断ち切る祈りは、願いを断たれた死の灰燼《かいじん》から飛び立つ神の不死鳥となる。

注

（1）　マルコの伝えるキリストの祈りは、やや異なっている。「アッバ、父よ、あなたにはどんなこともおできになります。この杯をわたしから遠ざけてください。しかし、わたしの思いのままでなく、あなたのおぼしめしのままに」（マルコ14・36）。これは、ここで取り上げようとする祈りの中核的性格を、より明確に表している。キリストのことばは、マルコによるものに最も近いとみたい。この確認は、祈りの神学からの結論であるが、聖書学研究からも確かめられたら幸いと思う。

14　キリストの祈り―かれらの一ならんことを―

祈り、それはあまりにもしばしば、神とわたしとのあいだの閉ざされた世界のことのように考えられている。これが極端になれば、神とわたしとのあいだの利害関係に結ばれる。さい銭や供物と、あらたかな霊験との商取引きにさえなりさがってしまうのである。プラトンの対話篇の一つ『エウチュプロン』のなかで、ソクラテスは、エウチュプロンの粗野にして不純な宗教観を暴露して、「それでは、犠牲とは神に対する贈物で、祈りとは神に対して求めることであるか」と問いつめ、結局「祈りとは神々と人間とのあいだにおいてなされる取り引きの一種の術である」（全国書房　岡田正三訳　プラトン全集第1巻18ページ）と言わせている。

祈りがここまでなりさがらなくとも、祈りのなかにおける甘美な慰めだけが、祈る心の誘いとなり、それを求めての祈りであるならば、祈りの中軸はいつのまにか神から人間の側に移しおかれてしまうのである。

太鼓をたたき、またお題目を唱えながら、一種の恍惚のなかに法悦を味わうことも、禅堂の静寂のなかに無限を感得するだいご味も、修院の奥深く念祷三昧の観想をたのしむことも、聖霊カリスマの祈りの集いにおいて、たまものにみたされる喜びに心おどるものがあるとしても、もしそれが甘美な宗教的、あるいは神秘的体験を求めるというだけのものであるならば、そのような祈りは、精神的リクリエーションであるという冷酷な批判も、必ずしも的をそれたものとは言えないであろう。

十字架の聖ヨハネは言う。「霊的な慰め、また甘味がないからと言って、神が遠ざかりたもうたと思い、反対に再びそれを味わうようになったからと言って、再び神を見いだしたと思って喜ぶものは、真に愚かなものである」（『霊的勧告集』240）と。またさらに、「霊的な多くの人々が〝よりよく念祷に従い、よりよく神に心をあげる〟とのもっともらしい口実のもとに、祈りのなかの快さを味わうことをよいことであるように言う。しかし、かれらの念祷の仕方は、念祷というよりも、むしろ気晴らしと言ったほうがよい。そこにかれらは、神の好みたもうものよりも自分の好むものを求めているのであるから」とまで証言している（同上241）。

祈りの底にあるべきものは、心の静寂を尋ね求めることでもなければ、神の感覚をたのしむことにあるのでもない。それは何よりもまず、超越せる神のみ前にひざまずく態度にある。まえに述べたような、ただ単に超越するだけでなく、わたしたちと無限に「かけはなれた」超絶せる神、人間のすべてをありのように踏みつぶしてしまったところで、その正義にも愛にも反することのない神、その神の恐るべき超絶性の認識と、その超絶せる神に「アッバ、父よ」と呼びかけることができる驚くべき神との親近性とのパラドックスのなかに、祈りの本質は隠されているのである。ひざまずくとは、このパラドックスの十字路におかれた敬けんなる愛の姿である。

ひざまずく。なぜなら、かれの前には、無限に超絶せる神が立っているからである。

ひざまずく。なぜなら、かれはひざまずくことによって、その神の愛の超絶性のなかに包まれるからである。祈りとは、ここで神を求める、または神をわたしのうちに見いだすというよりも、わたし自身を神のうちに見いだすということを意味する。まことに、祈りにおいて、「われわれはただ神を知るだけではなく、神に知られるものとなる」（ガラテヤ4・9）のである。

　このように祈りとは、まず神の超絶性の前における、人間の「無」の自覚に立つものであり、この「自己の死」によって、神のうちによみがえる真実の自己を見いだす「人間の復活」にほかならない。これこそ、あの十字架上の人、イエス・キリストと神の栄光に輝く復活のキリストとを結びつける空前絶後の事実が、わたしたちに物語るものでもある。

　祈り、そこには、まず死の受諾、暗黒があり、その死の受諾よりする復活がある。まことに超絶する神との無限の距離を越えて、自己自身よりもさらに身近に神を引き寄せるものは、その神の前にひざまずく「自己の無の自覚」と、その自己の廃虚からきざす愛にほかならない。

　祈りとは、いかなる高山に登るも、いかなる深い山谷にくだるも、結局それらは無限の虚空に包まれた、さざ波の高低にすぎないことを悟り、このはてしない宇宙にある黒い一点のシミのような自己を感得する謙虚な自覚より出発する。

　この意味において、東洋の聖者たちは、登りつめた高い山の世俗を離脱した澄みきった空気をたのしみ、世の騒音もただ夏のせみしぐれと惑う、静寂に浸る法悦のみをもって足れりとせず、その頭上にはさらに限りない空がつづいていることを知り、またさらには、その限りない宇宙すらも神の指先にむなしくも崩れ去るものであることを悟るべきではなかろうか。(1) この悠久の宇宙すらも「衣のようにたたむ」(詩編102・27)神、その神の前にひざまずく姿、それこそ祈りの心なのである。そして、そこにおいてこそ、生活の中軸は人間本位より、神本位へと移されるコペルニクス的転回がある。「われらの日用の糧を願う」まえに、まず祈らなくてはならないことは「神のみ国のきたらんことを、み旨の天に行わるるごとく地にも行われんことを」なのである。すなわち、祈るとは何よりも先に「神のものとなる」ところより始まる。

そして、このように祈りにおいて人が「神のものとなる」とき、祈りの新しい視野が開かれてくる。神のみを求め、神にすべてを与えつくそうとするものは、今、神によってすべてのもののために神より与えられるものとなるのである。神は一人の人間のものではなく、万人のものであるならば、神のものとなったものも同じく万人のためのものとなる。ここに祈りの上昇線は、たくましい地上への下降線を描くことになる。山に入ったツアラツストラは、今地上に降りてくるのであり、上求菩提《じょうぐぼだい》の沙門《しゃもん》は下化衆生《げけしゅじょう》の菩薩《ぼさつ》となる。そこにおいて「神のみ」ということは、「すべてのものを神において見る」ことを意味する。森羅万象、一滴の草露にも神のほほえみがよみとられるのである。人間を忘れて神のみになるのではなく、人間を救うために神のうちにそれを見いだすのである。

単なる人間ぎらい、人づきあいの重苦しさ、社交性の欠如などから、孤独の修院に神を尋ねるものがあるならば、そこには灰色の空虚以外に何ものもない、もちろん神は、そのような人間的欠陥すらも導きのつてとしてとりたもうことがあるかもしれない。しかし、それだけにとどまっているならば、観想生活とは、かれにとってエゴイズムに萎縮《いしゅく》した自己を守る城壁となるにすぎないであろう。しかるに観想者とは、人間の最大の愛のなかに生きるものでなくてはならないのである。「どんな奥深い修院のなかでも、けっして兄弟を忘れることのできなかった」ベルナノスの「田舎司祭」のように、日ごとに神と人との愛に深められ、絶えず兄弟のために祈る人こそ、真の観想者なのである。観想とは、神に向かうことであり、使徒職とは隣人愛に身をささげることであるという定義ほど、誤解を招くおそれのあるものはない。観想生活においても、使徒的活動においても、そこにあるものはただ一つしかない。すなわち「神の愛」のみである。ただそこには神の愛の育て方、そのあふれ出る形において相違があるだけである。一つは神の超絶性に目を注ぎ、他は神の愛の内在性を尋ね、一つは目に見えない愛の世界を祈りの翼もてきょうもまたひそかに、悲しめる人、悩める人のまくらもとを訪れ、他は疲れた体にもむち打って立ちあがり、友の悲しみと悩みとを分かとうと思う。山間の静寂のなかにおいてでなくては神が愛せないということが愚かなことであるならば、街の騒擾《そうじょう》の波のなかに世俗のちりにまみれていなくては隣人を愛することができないというのも、同じく愚かなことである。人間が互いに深く愛しあうためには、必ずしも同じひさしの下に住み、同じかまの飯を食わねばならないのではない。否、なんとしばしば愛の惨めな廃虚が、同じひさしの下に住む人々のなかに、食卓をともにするもののあいだに荒野のあらしを呼び、他方一面識もない、海山を隔てた人々のあいだに生涯の美しい愛のちぎりが結ばれることであろうか。愛なる聖霊は、その望みたもうままに、いずこよりともなく来たり、いずこともなく去ってゆく。

ともあれ、神にすべてを与えつくす祈りの新しい視野とは、人間的次元における多様性を超えて、すべてのものが神において「一つのもの」となるという。個人の祈りを超えた人類の祈りとして現れてくることである。ここに祈りとは、単に神とわたしのあいだの私事ではなくて、人類の神に対する実存的志向性の決定となるという理由があるのである。

　友を愛せずして神を愛するというのが偽りであるならば、友のために、否、友と一つにならんがために祈ることなく、神とのみ一つにならんとする祈りがあるならば、それは偽りの祈りであり、祈り自体の自己撞着《どうちゃく》を意味するにすぎない。

　受難をまえにするキリストの最後の祈りとは、まさしくこの「かれらの一ならんことを」ということであった。ヨハネ福音書第十七章は、このことばを五回までもくり返す。「われわれが一つであるように、かれらも一つであるように」（ヨハネ17・11）。

　聖三位のなかにおける神の本性の絶対的唯一性は、今ここにわたしたち人類の一致の至高の姿として示される。あたかもイエスは、そのあとに従うものの惨めなまでの分裂と対立とを、すでにそのときに、わたしたちに訴え、嘆かれているかのようである。「わたしは祈る。……父よ、御身がわたしのなかにましましたまい、わたしが御身のなかにあるように、みなが一つになるように」(ヨハネ17・21)。イエスはことばを進めて、わたしたちの一致の姿の典型を、神の本性の絶対的同一性よりペルソナの関係へと結びつけていく。父なき子はなく、子なき父はありえないように、聖父《おんちち》と聖子《おんこ》とのペルソナを結ぶ愛の一致が、わたしたちの一致のあるべき姿として示される。これがキリストのくちびるにくり返される、一致を願う祈りの第二のことばである。

さらにつづいて、「かれらも、われらにおいて、一つになるように」と、聖三位はその本性の同一性、ペルソナの愛のきずなを、わたしたちの愛の一致を尋ぬべき典型として示されるだけでなく、わたしたちの一致の「よってもってきたるべきところ」として、わたしたちに与えられるのである。しかも、キリストはこの一致の理由をただちにつけ加えて言う。「それは御身がわたしをおつかわしになったことを世が信ずるためであります」と。まことに世がキリストを信じないならば、それはわたしたちがキリストの愛、兄弟愛において結ばれ、一致していないためではなかろうか。キリストを信じない人があるということ、それは信じないその人々に罪があるというよりも、キリストが神よりつかわされたものであることを示すべき、わたしたちの愛の一致が欠けているからではなかろうか。とがめられるべきは、まことに不信の人ではなく、信者のわたしたちであるのかもしれない。[2]

「わたしは新しいおきてを、なんじらに与える。互いに相愛せよ。わたしがあなたたちを愛せしごとく、あなたたちは互いに相愛せよ。互いに相愛しあうなら、人々はみな、あなたたちをわたしの弟子であると言うであろう」（ヨハネ13・34、35）。

　相愛さないとき、わたしたちはもはやキリストの弟子ではなく、人々もまた、わたしたちのなかにキリストの片影を見いだすことすらもできなくなってしまうのである。今、ここで、キリスト教会の現状を責めようというのではない。なぜなら、愛することがいかにむつかしく、その惨めさは、ここにあらためて言わなくとも、すべての人間が、教会の外にあるものも内にあるものも、日々身にしみて感じていることだからである。

「愛することができない」、さりとて、人は「愛を欲しない」のではない。愛したくとも愛せないところに、愛の惨めさがあるのである。「〃なんじの隣人を愛せよ〟そんなことは不可能なことである。おまえが学ぶべきことは、むしろ隣人をけいべつすることである。よし、かれらがよい人間であったとしても」（ドストエフスキー『未成年』）という、はげしい「愛せない悩み」の反動は、ついにサルトルをして、「地獄！　それはわたしにとって他人のことだ」とまで叫ばせたのである。隣人はわたしたちにとって、慰めや励ましとなる兄弟であるよりも、わたしたちの挙動のすみずみまでを冷たい目で看視し、批判し、さらに不快な干渉を加える忌むべきあだとなる。この惨めさを、キリストは知っていたにちがいない。そして、この惨めさが、キリストをのろう人々のものだけではなくて、キリストを愛し、キリストを信じる人々のあいだにおいても例外ではないことを知っていたにちがいない。

「わたしは御身がお与えになった光栄をかれらに与えた」という、愛の一致の輝きは、キリストの死後、何世紀もつづくことはなかった。キリストによってわたしたちに与えられた永遠の光栄、それはたしかに地上からまったく抹殺されることはありえない。しかし、その光栄には、神の子キリストにおける兄弟であるはずのキリスト信者自身によって何度もどろが塗られ、つばが吐きかけられ、今日もまた人間の惨めさのなかに、否、その惨めさを救うために戦いつづける十字架の黒い血が、その光栄を覆っているのである。

キリストはさらにもう一度、「われわれが一つであるように、かれらが一つであるように」とくり返し、最後にまた、「わたしはかれらのうちにあり、御身はわたしのうちにましましたもう、かれらがまったく一つのものとなりきるように」（ヨハネ17・23）と「まったくなりきる」という動詞によって、キリストの祈りは結ばれるのである。

キリストは今、ただ神のうちにあるだけではなく、「わたしたちのうちに」惨めなままでに分裂し対立している「わたしたちとともに」ましますす神なのである。永遠の神の、永遠の住居が、この地上に定められたのである。「肉となりてわれらのうちに住みたもうた永遠のみことば」は、「エンマヌエル」すなわち「われらとともにましますす神」なのである。

わたしたちが神とともにいなくとも、その冷淡に耐えつつ、なお、分裂し、対立するわたしたちとともにありつづける神、十字架の上から「御父よ、かれらをゆるしたまえ。かれらは何をしているかを知らないからです」（ルカ23・34）と、あられもなく釘《くぎ》づけ、あざ笑う人々をも、なお愛しつづける神の愛。それが今、心なくその前を通りすぎてゆく人々、愛するとはなんであるかを知らぬ人々を、長い冬の夜寒に耐えつつ待ちつづけ、愛しつづける聖体のキリストとして現存し、「わたしたちとともに世の終わりまでとどまる」（マタイ28・20）ことを決した神の愛なのである。このキリストをとおし、このキリストをめぐって、わたしたちがまったく一ならんことを。これが死におもむく前夜、弟子たちの足を洗ったのちの、キリストのせつなる祈りである。

O Sacramentum pietatis
O Signum unitatis
O Vinculum caritatis
おお　あがむべき秘跡よ
おお　一致のかたどりよ
おお　愛のきずなよ

アウグスチヌスが聖体のうちに見た愛の神秘、それはまさしく、この愛の一致の聖なる象徴であった。

「キリストの救い」とは、まことに、人間を引き裂く憎しみと反感にうちかつ「愛の救い」にほかならない。キリストの願い、それはすべての人間が一つのものになって、一つの神に結びつくということであった。否、さらに言えば、わたしたちが愛によって「一つのもの」にならないかぎり神に結びつくことはできないという、隣人愛と神の愛との本質的不可分、それがキリストにおいて見る愛の神聖なすがたにほかならない。「見える兄弟を愛さないで、どうして見えない神を愛すると言うことができよう。まことに、わたしは神を愛すると言いながら、兄弟を憎むものは偽りものである」（一ヨハネ4・20）。

「祭壇に供えものをささげようとするとき、何か兄弟に恨まれることがあるのを思い出したならば、供えものをその場において、まず兄弟と和解し、それから供えものをささげなくてはならないのである」（マタイ5・23、24）。

あたかも、神の愛が隣人愛のあとにおかれるかと思われるほどの兄弟愛の要求、それは「兄弟を憎むものは殺人者であり、殺人者は永遠の生命、すなわち神の愛をもたない」（一ヨハネ3・15）までの、きびしい宣告となるのである。そこにあるのは、ただ単なる「慈悲」とか「あわれみをかける」とかいう、「心のおおらかさ」を意味するだけの「隣人愛」ではない。そこには、引き裂かれた人間のあいだにあって、さらに惨めなまでに引き裂かれた神の「愛の苦悶」がある。「愛さない」ということによって傷つくものは人間自身ではあっても、そのとき、その人間によって十字架につけられるのは、神なる人、キリストそのものにほかならない。兄弟を憎むもの、それは神を憎むものだからである。

この世には、高い教養の人もいる。すぐれた賢者も、尊敬すべき宗教家もいよう。しかし、真に愛を知る人、愛する人がいないのである。愛することができず、愛されることができない寂しさが、地上のすみずみまでしみとおっている。このことを言うのに、わたしは今、あの悲しい、けれども真実の、否、真実なるがゆえにさらに悲しい唐の詩人の嘆きを思い起こしてみなくてはならないのであろうか。

貧公行

翻手作雲覆手雨　紛紛軽薄何須数
君不見管鮑貧時交(3)　此道今人棄如土
（杜甫）
（手をひるがえせば雲となり、手を覆えば雨となる。紛紛《ふんぷん》たる軽薄なんぞ数うるをまたん。君見ずや、管鮑貧時の交わり、この道今人《こんじん》捨てて土のごとし。）

人間の友情はまったく、さざ波にあしらわれる枯れ葉のように動きやすい。わたしたちは常に、互いに細かな反感や憎しみの壁をつくり、ときにそれが砕かれても、また別のところにそれを築きあげ、けっして深い心の交わりをもつことがない。このようにして一生はいつのまにか終わってしまうのである。修道生活と言われるような天使的生活にあっても、そうしたものがまったくないなど言いきる自信を、だれがもっているであろうか。否、むしろそうした壁がいっそういたましく目につくまでに、愛の苦悶する世界こそ、修道生活であると言ってよいのではないだろうか。そこには、一部の国家や民族のあいだにあるような大きな壁はないかもしれない。しかし、教会の歴史、修道会の歴史もまた、やはりそれが人間の集まりであるかぎり、人間の惨めさと戦わなくてはならなかったことを示している。修道生活、それは教会と同じく、この地上における天国のかたどりとも言えよう。しかし、それは「戦える天国」、「暴力によって、かちえられた天国」であることを見落としてはならない。人類に対する神の最大の愛はカルワリオの十字架をもって烙印されているのである。この愛の最も残酷な逆説のなかに、キリストの祈りはこめられている。

「われらが一なるごとく、かれらも一ならんことを」

注

（1）フランスの思想家として知られたアンドレ・マルローがはじめて日本を訪れ、鎌倉の円覚寺に行ったときのことを、新聞は次のように報じていた。「アンドレ・マルロー氏は、古い円覚寺のすりへった石の階段を降りながら、つぶやいた。〝ここには高い霊性があるが、聖なるものがない〟と。……」この一語に表された鋭い氏の直観は、禅の本質を見抜いていたと言えよう。

（2）第二バチカン公会議の『現代世界憲章』においても、次のようなことばがある。「たしかに、意識的に自分の心から神をしめだして、宗教問題を避けようと努める人々は、良心の命令に従わない人々であって、あやまちを免れることはできないが、このことについては、信仰者自身にもしばしば、ある意味で責任がある」（第19項「無神論の諸形態とその根源」傍点筆者）。

（3）

管鮑貧時《かんぽうひんじ》交

古代中国の史書『史記』に出てくる「管仲伝」に基づくもので、管仲夷吾《かんちゅういご》と、その友鮑叔牙《ほうしゅくが》との厚い友情の話である。管仲は、その友鮑叔の変わらぬ友情をたたえ、感謝して次のように言っている。「わたしが貧困に苦しんでいたとき、鮑叔といっしょに商売をした。ところで、そのもうけを分けるにあたって、わたしは自分のほうにたくさん取った。しかし、鮑叔は、わたしが欲ばりであるとは言わなかった。わたしの貧しさを知っていてくれたからである。またあるときは、鮑叔のために事を計画したところ、さらに大失敗をして、ますます苦しむことになった。しかし、鮑叔は、わたしが愚かであるとは言わなかった。だれにとっても、よいときもあれば、また悪いときもあることを知っていてくれたからである。また、わたしが公の職についたとき、三たび君に仕えたのに、三たびとも追放される羽目になった。しかし、鮑叔は、わたしが情けない人間であるとは言わなかった。わたしがちょうどよいときにめぐりあわさなかっただけであると思ってくれたからである。また、わたしは三度戦いにでて、三度とも逃げて帰った。しかし、鮑叔は、わたしがひきょうものであるとは言わなかった。わたしには年老いた母がいることを知っていたからである。…………（中略）わたしを生んでくれたのは父母であるが、わたしを知ってくれたのは、まことに鮑子（叔）である。」

あとがき

「本《もと》立って道生《な》る」ということばがある。この本の意図したところは、祈りの根本を祈りの底に見いだそうとすることである。底。それも、底を割り、底を抜かなければ見いだしえないものが、祈りの根《ね》であることを確かめることにある。

「断つ祈り」、「断たれた祈り」、「しない祈り」、「無為の祈り」など……ことばとしては意味をなさぬ表現をくり返し使っているのも、そのためである。どのような祈りの形であれ、神の前における自我の断一徹の決定《けつじょう》こそが、祈りをしてまことの祈りたらしめる。これが、この本を一貫する考えである。

小学校の三年生のころだったと思う。家に神棚と仏壇があり、いつのまにか父母にならって、学校に出かけるまえ、ちょっと手を合わせて拝んでいく習慣がついていた。ある日のこと、父が、

「おまえ、何を祈ってるのか？」

と尋ねた。とっさのことで、すぐことばが浮かばなかったのか、

「ウン。ナンニモ……」

と、首をヨコに振りながら答えた。

「そうか、それでいい」

気の抜けたようなわたしの答えを意外に思う様子もなく、父はことばを足した。

「神さまの前で、一日のうち何分かでもいい。きれいな心で立ちさえすれば、それでいい」

　父はそのことを覚えていないようだが、わたしは不思議なほど鮮明に、もう四十年近くまえになる、その朝のことが思い出される。部屋の入口近く、天井にくっつけて祀《まつ》られていた白木づくりの小さい神棚を仰いで、かしわ手を打ち、ちょっと頭を下げて目をつむり、祈りを終わったわたしに話しかけた、まだ若かった父の姿と、幼かった自分の面影がきのうのことのように思い出されてくる。

　その後、中学に入り、岐阜から名古屋まで汽車通学をするようになってからは、朝早く家を出たが、この習慣はそのまま守りつづけられた。それに駅まで行く途

中に、金《こがね》神社という岐阜の人々に親しまれていた、小さい公園もあるお社に、学校の行き帰りに立ち寄り、神殿の前で手を合わせていくようになっていた。戦争が始まって神社参拝が多くなった時代ではあったが、わたしの小さい祈りはそのようなものとは関係なかった。「ナンニモナシに、神の前に立つ」。神棚や神殿の前で手を合わせると、不思議に心がカラになるのが、なんとはなく快かった。

それから幾年もたって、青年時代に禅に傾倒し、やがてカトリックになって、カルメル会という観想修道会へ入り、現在にいたるまで、何かこの三つ子の魂が一筋に生きてきたように思えてならない。「断一徹の不断の祈り」ということには、「ナンニモ」と答えた幼い祈りのタネが、そこにまかれていたのかもしれない。

ともあれ、祈りは単純なもの、いや、単純なものでなければ祈りではない。それに、祈りの単純さとは「一」のことではない。「ゼロ」のことである。なぜなら人間の単純さを破って、神の単純さをそこに見いだすからである。それも、わたしのうちに神の単純さを見いだすのではなく、神の単純さのうちに透明となる自分を見いだすことが祈りなのである。このところに、祈りの焦点をとらえることが、この本の基音となっている。

そこには、祈りの神学的説明がいくらかあるとしても、これは、祈りについての神学的解説や分析のためではない。貧しいながら、自分自身の祈りの体験の根底にあるものを、わずかでもことばにしてみようという試みにすぎない。したがって読者には、ことばによる説明よりも文の心をくみとっていただければ幸いである。

「歌を忘れたカナリヤ」という文章から始まる、「祈りの底にあるもの」という、難解と言われるかなり長い論文が『ろごす』誌にのせられたのは、第二バチカン公会議の始まったばかりのころであった。あれから十三年余になる。

今は、「歌を忘れたカナリヤ」ではなく、ふるえるくちばしに歌を思い出そうと必死になっている祈りの時代があけそめてきたようにも思われる。西欧の人々のヨガや禅瞑想への強い関心、ここ数年来、旋風のようにキリスト教会のなかに広がりつつある聖霊カリスマの祈りの集いなどは、そのことを物語っている。

そのいずれにも、現代的霊性として定着するには、まだ多くの不消化なものが残っているとしても、聖霊の働きはそのような動きをも吸収同化して、さらに他の多くのものを摂取しながら、新しいあすを活《い》かす確かな霊性をつくりだしていくことであろう。

それにしても、なお数多くの、否、大部分の現代人が宗教に無関心であり、祈りにはほど遠いところにあることも確かである。

しかし、人間は人間となることを望まずにはおれないかぎり、そして、人間は、ニーチェの言うように自分自身を超えることによってのみ人間となりうるとすれば、「絶後によみがえる」救いの神秘を包む「断一徹・不断の祈り」がキリストの復活秘義のうちに、すべての人々の心の奥深く秘められた実存の彼岸への憧憬《どうけい》を目覚めさせてくれるものとなればと思う。

また、この小著をつてに、祈りの友の一人でも多くが与えられ、貧しいわたしの人生の支えとなっていただければ、これにまさる喜びはない。

今年、『声』誌に連載させていただいている「祈り」についての拙文がきっかけとなって、非常に短期間にこの書をまとめることになっただけに、不備な点、思索の未熟も目立っているけれども、読者の皆様の忌憚《きたん》なきご批判と、ご助言によって、またの機会を期したい。

『声』誌二月号の「絶えず祈れ」という小論文が大幅にのばされて、この書では「祈りの人間論」となっており、「祈り以前の祈り」と「キリストの祈り」は『ろごす』誌に出していただいた「祈りの底にあるもの」のはじめと終わりの文を訂正加筆したものである。

女子パウロ会のシスターがたの熱心なあと押しがなければ、この本も生まれなかったことを思えば、編集その他の仕事にあたってくださった修道女がた、また、原稿の書写に協力してくださった皆様がたに、心からの謝意を表して、あとがきとさせていただく。

陸奥の旅路にて

一九七四年七月三十一日

あとがき

奥村一郎

著者紹介

奥村 一郎（おくむら いちろう）

1923年に岐阜県に生まれる。カトリック司祭（カルメル会）
東京大学在学中、禅仏教よりカトリックに改宗。卒業後、カルメル修道会入会のために渡仏。帰国後、主に他宗教との対話と交流に関与する。
2014年に帰天。

主な著訳書
紙本：『主とともに―十字架の道行と黙想』『神とあそぶ』『断層』『祈りの友』（女子パウロ会発行）、『奥村一郎選集１～９』『聖書深読の生いたち』（オリエンス宗教研究所）、『カルメル山登攀』（ドン・ボスコ社）
電子本：『祈り』『主とともに―十字架の道行と黙想』『神とあそぶ』

祈り

著　者／奥村 一郎
発行所／女子パウロ会
代表者／松岡陽子
〒107-0052 東京都港区赤坂8-12-42
Tel.03-3479-3943　Fax.03-3479-3944
Webサイト http://www.pauline.or.jp/
印刷所／ TOPPANクロレ株式会社
初版発行／ 1974年10月15日
22刷発行（改訂２版）／ 2025年６月３日

ISBN978-4-7896-0793-3 C0116　　NDC194